职业教育·通用课程教材

形体训练

（第 2 版）

单 侠 主编

金春球 吴晓霞 郝 瓅 副主编

人民交通出版社

北 京

内 容 提 要

本书为职业教育通用课程教材。全书以训练任务为导向，根据交通服务人员工作特点和时尚的塑形方法，设计了形体认知、形体训练基础、减脂增肌训练、芭蕾形体训练、形体操课训练、形体矫正训练和形体仪态训练七个模块。每个模块自成体系，从形体训练基础到不同的训练方法，再到工作岗位中对服务人员仪态的要求进行了详尽的描述；同时，全书配套了二维码视频资源，设计了情境导入、模块知识、学习目标、单元知识、实训任务、思考练习和知识拓展等教学内容，有助于教学一体化呈现。

本书可作为职业院校交通运输大类专业形体训练课程教材，也可作为相关职业人员的训练参考书。

*本书配有课件等教学资源，任课教师可通过加入职教公共基础课教学研讨群（教师专用QQ群：985149463）获取。

图书在版编目（CIP）数据

形体训练 / 单侠主编. —2 版. —北京：人民交通出版社股份有限公司，2024.8

ISBN 978-7-114-19417-7

Ⅰ.①形… Ⅱ.①单… Ⅲ.①形体—健身运动—职业教育—教材 Ⅳ.① G831.32

中国国家版本馆 CIP 数据核字 (2024) 第 034598 号

职业教育·通用课程教材
Xingti Xunlian

书　　名：	形体训练（第2版）
著 作 者：	单　侠
责任编辑：	杨　思
责任校对：	赵媛媛　龙　雪
责任印制：	刘高彤
出版发行：	人民交通出版社
地　　址：	（100011）北京市朝阳区安定门外外馆斜街3号
网　　址：	http://www.ccpcl.com.cn
销售电话：	（010）59757973
总 经 销：	人民交通出版社发行部
经　　销：	各地新华书店
印　　刷：	北京市密东印刷有限公司
开　　本：	880×1230　1/16
印　　张：	11.75
字　　数：	300千
版　　次：	2019年5月　第1版 2024年8月　第2版
印　　次：	2024年8月　第2版　第1次印刷　总第7次印刷
书　　号：	ISBN 978-7-114-19417-7
定　　价：	48.00元

（有印刷、装订质量问题的图书，由本社负责调换）

第2版前言

2021年4月13日，全国职业教育大会在北京落下帷幕，习近平总书记对职业教育工作作出重要指示："在全面建设社会主义现代化国家新征程中，职业教育前途广阔、大有可为。"进入新时期，我国职业教育进入了提质培优、增值赋能的新阶段，技能强国是中国现代化整体建设的长远需求和战略目标。特别是在国家职业教育改革发展的背景下，聚焦培养什么人、怎样培养人、为谁培养人这三个教育的根本问题，着力培养"心中有信仰，手中有绝活，脚下有力量"的大国工匠、能工巧匠，对教师、教材、教法等都提出了更高的要求。

职业教育是培养多样化人才、传承技术技能、促进就业创业的重要途径。形体训练是交通运输大类等专业的一门专业基础普适性课程。本教材依据学科特点，采用整体练习与分部位练习相结合的方法，为全面且有重点地锻炼提供了条件，有助于学生在概念上正确理解形体姿态的规范要求，在实际操作上掌握形体练习的方法手段，而且有助于人体生物节律的形成，使人体逐渐适应并有准备地参加形体练习，进一步提高学习转化效果。

此次修订，本教材突出以下三个特点：

（1）加深思政元素与教学实践的有机融合。《形体训练》是训练肢体动作、塑造优美形体的实用性教材。通过对本教材的学习，学生能够系统地掌握形体及姿态的基本理论与实务技巧，进行形体素质与强化训练，矫正不良形体，并具备服务型岗位的综合素质。本教材通过"模块知识—实训任务"式结构教学，辅以丰富多元的训练方法，以培养学生优美的仪态、匀称的体形，将服务意识、敬业精神、吃苦耐劳、团队协作精神等融入教学，不仅传授学生科学的形体健身技能，而且将强身健体和思政教育有机结合，形成思政教育在形体训练课程中的全方位育人。

（2）更加聚焦职业技能标准，体现职教特色。此次修订对教材的框架结构、训练内容进行了创新。教材结合服务行业的职业标准和客观规律，对学生形体训练的专业知识、训练内容以及形体动作的标准和要求等方面进行了介绍，重点优化了模块一形体认知。学生通过对本教材的学习，掌握形体训练的基本知识及方法，构建形体训练的底层思维逻辑，提高身体的协调性、控制力及表现能力，矫正不良姿势，练就健美体形，最终全面提升体能和形象，展现自信的形体美，使自身的形体仪态适应所从事工作的需要。

（3）进一步打造丰富的数字化教学资源。在内容上，本教材选用大量规范形体训练图片，具有较强的可读性、可视性。本教材中丰富的数字化资源不仅增加了教学活动的趣味性，还有助于教师针对不同的教学内容选择不同的教学方法，融合不同的数字技术，实现线上线下混合式教学，为翻转课堂创造条件，在教学模式上不断创新。信息化、数字化技术，能够吸引学生主动参与学习，有效激发了学生学习的自主性，在充分体现本教材信息化的开放性、共享性、交互性与协作性的同时使得教育社会化、终身化、自主化。

建议本教材总学时 144 课时，具体建议学时见表（仅供参考）：

学习单元	建议学时
模块一　形体认知	5
模块二　形体训练基础	9
模块三　减脂增肌训练	16
模块四　芭蕾形体训练	40
模块五　形体操课训练	40
模块六　形体矫正训练	10
模块七　形体仪态训练	24
合计	144

本教材由单侠担任主编，金春球、吴晓霞、郝瓅担任副主编，具体分工如下：金春球负责模块一、模块二的编写，单侠负责模块三、模块五的编写，吴晓霞负责模块四、模块六的编写，郝瓅负责模块七的编写。本教材照片和视频资料由中国歌舞团艺术学校孙乃光、中央民族大学民族舞专业黄艺霏、北京师范大学许思航完成拍摄，感谢快乐琴弦艺术培训中心提供场地支持。

本教材在编写过程中，参考了国内外很多与形体训练相关的资料和行业前辈们的研究成果，在此谨向他们表示衷心的感谢。由于编者水平有限，书中不足之处在所难免，恳请广大读者批评指正，以便再版时修正、完善。

编　者
2024 年 4 月

数字资源索引

资源使用说明：

1. 扫描封面二维码，注意每个码只可激活一次；

2. 长按弹出界面的二维码关注"交通教育出版"微信公众号并自动绑定资源；

3. 公众号弹出"购买成功"通知，点击"查看详情"，进入后即可查看资源；

4. 也可进入"交通教育出版"微信公众号，点击下方菜单"用户服务—图书增值"，选择已绑定的教材进行观看。

序号	二维码内容	序号	二维码内容
1	脊柱训练	11	单手扶把蹲
2	腰部训练	12	控腿画圈
3	举腿卷腹	13	把下三拍舞步
4	提沉冲靠	14	瑜伽热身动作
5	下腹部训练动作	15	蒙古舞
6	臀部训练动作	16	维吾尔族舞蹈
7	大腿前侧训练动作1	17	腰背部动作
8	大腿前侧训练动作2	18	腿部动作
9	大腿内侧训练动作	19	上身横拧
10	地面压腿	20	交替式俯卧撑

目录

数字资源索引

模块一　形体认知 ……………………………………………………… 001

　　单元一　形体概述 ………………………………………………… 004
　　单元二　形体与形体美 …………………………………………… 007
　　单元三　形体与形体课 …………………………………………… 011
　　单元四　营养与运动饮食 ………………………………………… 014
　　知识拓展　人体美学之"三庭五眼" …………………………… 022

模块二　形体训练基础 ………………………………………………… 023

　　单元一　热身活动训练 …………………………………………… 028
　　单元二　柔韧性训练 ……………………………………………… 032
　　单元三　腰腹力量训练 …………………………………………… 036
　　单元四　协调性训练 ……………………………………………… 039
　　知识拓展　热身活动的意义和作用 ……………………………… 043

模块三　减脂增肌训练 ………………………………………………… 044

　　单元一　肩颈、手臂和胸部肌肉与线条训练 …………………… 049
　　单元二　腹部、腰背部肌肉与线条训练 ………………………… 054
　　单元三　臀部紧致提升与胯部柔韧性训练 ……………………… 057
　　单元四　腿部肌肉与线条训练 …………………………………… 059
　　知识拓展　减脂增肌进入平台期的策略 ………………………… 063

模块四　芭蕾形体训练 ………………………………………………… 064

　　单元一　地面训练 ………………………………………………… 068
　　单元二　把上训练 ………………………………………………… 072

单元三　把下训练 ··· 081
　　单元四　舞姿训练 ··· 085
　　知识拓展　芭蕾形体训练对人体各部位的要求 ············ 087

模块五　形体操课训练 ·· **089**

　　单元一　健美操 ··· 092
　　单元二　瑜伽 ·· 095
　　单元三　拉丁舞健身操 ·· 102
　　单元四　民族舞 ··· 105
　　知识拓展　旅途健身操 ·· 118

模块六　形体矫正训练 ·· **121**

　　单元一　头、肩、胸矫正 ······································ 125
　　单元二　脊柱矫正 ·· 131
　　单元三　手臂矫正 ·· 136
　　单元四　腿形矫正 ·· 139
　　单元五　脚位矫正 ·· 143
　　知识拓展　人体体形 ··· 146

模块七　形体仪态训练 ·· **147**

　　单元一　修长挺拔的站姿 ······································ 149
　　单元二　优雅高贵的坐姿 ······································ 155
　　单元三　自信稳健的行姿 ······································ 161
　　单元四　规范标准的蹲姿 ······································ 165
　　单元五　传情达意的手势 ······································ 168
　　单元六　自然谦恭的致意 ······································ 171
　　单元七　温暖亲切的表情 ······································ 173
　　知识拓展　常用的手势礼仪 ··································· 178

参考文献 ·· 179

模块一 形体认知

情境导入

小赵是一名刚刚步入职业学校的学生,她选择了梦寐以求的航空服务专业,希望自己有一天能翱翔在祖国的蓝天,向世界展示"最美中国空姐"的形象。走在校园里的她,看着身边的学长学姐体形标准,仪态大方。她审视了自己的情况,虽然基本符合空中乘务专业的身体条件,可是离真正的空乘人员的职业形象还存在着很大的距离。带着对改善形体的追求和对职业的向往,她愉快地走进了形体认知的课堂。

模块知识

在现代社会中,一个人的体形、仪态、着装,甚至气味,都直接影响到其与周围环境的相处。

有调查表明,一个具有气质、体形标准的人,更容易在第一时间获得他人的好感,也更容易获得他人的信赖。其深层原因是通过自身的良好形象和气质能体现出其自律和自强的高标准、高要求。

良好的形体和姿态有时并非与生俱来,也可以通过后天的学习及训练获得。本教材旨在为学生形体训练提供科学的指导和建议,并让学生通过自测和小组互评随时监督自己的训练效果和进程。希望通过本教材的指导训练,学生能拥有优美的形体、优雅的姿态。

追求外在美与内在美的和谐统一,追求内外兼修,已成为人们对美的认知与评判的一个标准。一个健康自然、焕发着生命活力的美的形体应该成为人们追求的目标。美的形体能让人感受到亲切、愉悦、精力充沛。形体美也表现在仪态气质上,而一个人的仪态气质与其思想修养、文化背景有着密切的联系。因此,形体美既是一种外在美,又是一种内在美的自然流露。

一个人的形体除了与训练有关,还与饮食、作息、情绪等多方面的因素有关。因此,一个人的形体状态往往反映其生活的自律程度。真正的自律,是为自己的人生负责。

人体是自然界中最美的自然生命体,也是具有可塑性的社会生命体。通过科学的训练,塑造形体美,无论是对生活、工作,还是个人生命的自我完善,都具有非凡的意义。

一、形体训练的好处

(一)改善神经系统和大脑功能

形体训练是外环境对机体的一种刺激。这种刺激具有连续、协调、速度、力量的特点,使机体处于一种运动状态。在这种状态下,中枢神经将随时动员各器官及系统使之协调、配合机体的工作。除此之外,形体训练还要求动作迅速、准确,而这必须在大脑的指挥下完成。经常参加形体训练可以增强机体神经系统的功能和大脑的工作能力,使人变得更加健康和聪明。

(二)提高心血管系统的功能

心血管系统是由心脏与各类血管组成的,是以心脏为动力的闭锁管道系统,也就是人们常说的血液循环系统。形体训练主要由运动系统即骨骼与肌肉参与完成。运动系统在进行工作时要消耗大量的氧气、养料,还要排泄大量的废物,因此要不断地补充供给大量的新鲜氧气及养料。这一繁重的任务,需要依靠心血管系统来完成。

人体处于安静状态时,心率为 60~100 次/min;在进行强烈的肌肉运动时,心率可以达到安静状态时的 2 倍,使心肌处于激烈收缩的状态。经常刺激会使心肌纤维增粗,心房、心室壁增厚,心脏体积增大,血容量增多,从而增强心肌的力量。由于心肌力量的增加,每搏射出的血量增多,心跳的次数相应减少。在平时较为安静的状态下,心脏能够得到较长时间的休息,从而减轻心脏的工作负担。

(三)矫正形体

对于女生来说,过于发达的肌肉,破坏了女子的柔美;而过于纤细、柔弱,也不符合人们的审美。形体训练有助于矫正形体,对局部线条的改善与塑造效果显著。形体训练不仅限于女性,也适合男性。男性通过形体训练可以使自己身体强壮,可以使自己的形体具有形态美。形体训练的意义在于改变形体的不足,并预防生理衰老。

（四）气质培养

形体训练可调整上、下肢及躯干等身体各部位结构的比例关系，使人体整体体现一种大方的匀称感。更重要的是，通过长期的形体训练，逐渐地培养了人们的内在气质。气质是一种内外结合之美。它既包括了健康的身体、优美的形体、挺拔秀美的姿态，也包含了一个人的文化修养、言谈举止、精神风貌等。

二、形体训练与舞蹈基本功训练的异同

（一）相同点

（1）舞蹈基本功训练中的"开、绷、直"内容，也就是古典芭蕾基本功训练，与形体训练中具有的芭蕾表演性内容相符。两种训练都能塑造人的优美体态，培养优雅的气质，纠正日常生活中不正确的姿态，为舞蹈学习奠定基础。

（2）两种训练都有气息与身体的配合，有了气的推动才能形成动作，才能把动作做活。因此，在训练实践中均须掌握呼吸的要领。

（3）两种训练都有把上和把下的一系列基本功训练，都是在重复动作的基础上改正错误的动作。

（4）经常参加形体训练和舞蹈基本功训练，都可以增强肌体神经系统、大脑和心血管系统的功能，强化神经活动，使人变得更健康。

（5）两种训练在培养人的思想、品德、修养、情操、仪表、礼节及艺术品位和鉴赏能力等方面都有作用。两种训练是展示和充分表达"美"的内容的途径。

（二）不同点

（1）舞蹈基本功训练主要针对舞蹈专业的学生，有一定的专业难度；而形体训练是以基本站立姿势、手位脚位为练习动作，较易掌握。

（2）形体训练可围绕芭蕾的基本元素来训练（这是因为在所有舞蹈体系中，芭蕾舞的形体训练体系是比较严谨和完整的）；而舞蹈基本功训练不仅有芭蕾基本功训练，还有中国古典舞、民族民间舞等各舞种的基本功训练。

（3）进行舞蹈基本功训练的目标是锻炼肢体的柔韧性，增加身体的柔韧度，增强肢体对肌肉的控制和协调能力，把肌肉练成"条状"，使人伴随音乐灵活地运用手、眼、身、步各种动作；形体训练是舞蹈的基础训练，其最终目标是改造自然状态的形体，使形体趋于艺术和理想的状态，提高形体素质，改善形体条件。

单元一　形体概述

学习目标

1. 了解形体的概念及构成要素。
2. 掌握良好形体的表现。

单元知识

形体是指人体结构的外在表现，也是人体美的一种艺术表现形式。形体在四肢、躯干、头部及五官等的协调配合下显示出姿态优美、体形匀称的整体美。下面从以下几个方面介绍。

一、形体的概念

形体是指人在先天遗传变异和后天获得的基础上所表现出的身体形态上相对稳定的特征，它包括人的表情、体形、姿态在内的关于人的外在形象的总和。形体也可以理解为身体的"形态"与"体态"的合称，它是一个人的真实形象，也是一个人外与内、身与心的综合反映，同时蕴含着有关个人的健康状况、学识修养和审美情趣等信息。

二、形体的构成

形体由体格、体型、姿态三大要素构成。

（1）体格：包括人的高度、体重、围度、宽度、长度等。体格的高度是指身高、坐高等，体重是指身体重量，围度是指胸围、腰围、臀围、臂围、腿围、颈围等，宽度包含肩宽、骨盆宽度等，长度是指上、下肢的长度等。其中，身高、体重及胸围被列为人体形态变化的三项基本指标。身高反映了骨骼的生长和发育情况，体重主要反映的是骨骼、肌肉、脂肪等重量的综合情况，胸围则反映胸廓的大小及胸部肌肉的生长发育状况。

（2）体型：是指身体各部分的比例，如上、下身长的比例，肩宽与身高的比例，各种围度之间的比例，等等。形体美主要取决于骨骼组成与肌肉的状况，以及身体各部分发展是否均衡与整体是否和谐。正如艺术家所说："美感完全建立在各部分之间神圣的比例上。"

（3）姿态：是指站、坐、行等各种基本活动的姿势（图1-1）。人体的姿势是通过脊柱不同程度的弯曲及四肢、手足和头部的动作等来体现的。姿势的正确、优美，不仅能衬托、体现人的整体美，还能反映一个人的气质与精神风貌。由此可见，姿态是展示人的内在美的一个窗口。

形体既包含了人体外表形状、轮廓等，又包含了人体在各种活动中表现出来的姿态。所以，形体是体格、体型、姿态等互相融合而展现出来的和谐整体。

a) 站姿　　　　　　　　b) 坐姿　　　　　　　　c) 行姿

图 1-1　姿态

三、良好的形体

形体由骨架决定，而骨架由骨骼构成。骨骼的生长发育对形体的影响很大，良好的形体表现在以下十个方面：

（1）躯干骨骼发育正常，脊柱正视垂直，侧看弯曲程度正常。

（2）四肢长而直，关节不显得粗大突出。

（3）头顶微微隆起，五官端正。头顶的隆起所构成的圆弧与全身的线条保持流畅和谐，与端正的五官显得协调。

（4）两肩平正对称，男宽女圆。男子肩膀宽阔，显示出其雄壮威武的气概；女子肩膀圆润，突出其曲线美。

（5）胸廓饱满。男士有宽大而隆起的胸部，健壮结实而富有活力；女性有丰满的胸部并显示出身体的优美曲线，表现女性特有的魅力。

（6）腰细而结实，自然呈现圆柱形挺拔的腰杆。

（7）腹部扁平而紧实。

（8）臀部肌肉紧实而圆翘，球形上收。

（9）腿部修长而线条柔和。腿部的肌肉结实，线条略有起伏，结实而健美。

（10）脚踝细、足弓高。人体最下端的足虽不起眼，但却由 26 块骨头、24 条肌肉及 114 条韧带共同支撑着全身的重量。踝关节相对细小、灵活；足弓高，行走时步伐富于弹性。这些对于身体美的构成及表现都具有重要意义。

形体练习如图 1-2 所示。

a)　　　　　　　　　　　　　　　　b)

图 1-2　形体练习

 实训任务

实训目的：对照良好形体的表现，开展自我形体测评和对他人评价，从而掌握良好形体的内涵和表现。

实训要求：

（1）采用自评和他评两种形式。

（2）详细记录自评和他评的结果。形体测评表见表 1-1。

形体测评表　　　　　　　　　表 1-1

序号	检测内容	检测标准	自评（5分制）	互评（5分制）
1	躯干	躯干骨骼发育正常，脊柱正视垂直，侧看弯曲程度正常		
2	四肢	四肢长而直，关节不显得粗大突出		
3	五官	头顶微微隆起，五官端正。头顶的隆起所构成的圆弧与全身的线条保持流畅和谐，与端正的五官显得协调		
4	肩部	两肩平正对称，男宽女圆。男子肩膀宽阔，显示出其雄壮威武的气概；女子肩膀圆润，突出其曲线美		
5	胸廓	胸廓饱满。男士有宽大而隆起的胸部，健壮结实而富有活力；女性有丰满的胸部并显示出身体的优美曲线，表现女性特有的魅力		
6	腰部	腰细而结实，自然呈现圆柱形挺拔的腰杆		
7	腹部	腹部扁平而紧实		
8	臀部	臀部肌肉紧实而圆翘，球形上收		
9	腿部	腿部修长而线条柔和。腿部的肌肉结实，线条略有起伏，结实而健美		
10	脚部	脚踝细、足弓高；踝关节相对细小、灵活，足弓高，行走时步伐富于弹性		
总分				
自评				
他评				

1. 为何说形体会影响一个人的整体气质？

2. 姿态美对一个人的重要性是什么？

3. 找两组形体图进行对比，并说出其好和不好之处。

单元二 形体与形体美

学习目标

1. 了解形体美及其内涵。
2. 掌握形体自我检测的各项指标和参照数据。

单元知识

爱美是人类的天性。形体美教育不但能使学生获得美的享受,激发他们对真、善、美的追求,而且能够促进学生的形体、礼仪、气质、形象的改善和人格的全面发展。人的外在美和内在美的统一与和谐,已成为现代人追求形体美的审美标准。

一、形体美的概念

形体美就是正确身体形态的外在表现,包含外表美与内在美。外表美侧重于形式,主要是指由生理解剖特点所造就的身体之美。内在美是核心,它是借助形体将人的思想、气质、情操、风度等深层次与本质的东西表现出来的美。

形体美是能动的,从自然美演化到创造美。自然美即基础美,是遗传带来的先天的身体之美、气质之美。创造美则是在自然美的基础上,通过后天的能动、创造活动而获得的。形体美训练或称形体运动(练习),是获得创造美的主要途径。通常所说的形体美是一个集合概念,是自然美和创造美的融合与统一。

因此,形体美是指人的自然形体经后天创造而获得的集外表美与内在美于一体的一种升华的综合美。由视觉器官所感知的空间性的形体美是客观的。通过对形体美的赞美和欣赏,可以升华人对体育美的鉴赏力,可以深化人对审美的理解与追求。

二、形体美的内涵

形体美是指人的身形和体态的美,是人的生理形态呈现的美,属于自然美、形式美的范畴。大自然造化的形体美千姿百态,不拘一格,个体皆自成其美。在我国历史上就有"唐肥汉瘦"的形体审美标准的记载。现代青年追求的形体美是充分体现健康、力量、舒展而积极向上的健、力、美。了解了形体美的评价标准,也就知晓了形体训练的方向和目标。我们应正确树立审美观,正确对待人的自然形体美。

形体美由三个层次构成:①自然身体的形式美;②修塑自身的装饰美;③内在蕴含的精神美,其主要反映在外在形体的气质和活力上。

形体美主要表现在以下四个方面。

(一)健康之美

在人体美中,健是美的基础,美是健的升华和结晶。健能造就强劲的筋骨、发达的肌肉、红润的肤色,充分显示出人的自然美,尤其是形体美。健是人的生命活力、青春朝气的象征,使人的形体"生气灌注",充分表现出人的动态美。健是各民族形体审美意识的最高追求。体质健康是人的自然形体美的必要条件。健康美是塑造美的基础。健康是人体美最基础、最本质的表现。美来自身体的健康与强壮,来自蕴藏着充沛精力、焕发着勃勃生机的身体,因此健康就是一种美。

(二)体形健美

我国古人认为理想的人体美应是"增之一分则太长,减之一分则太短",即不高不低、不胖不瘦,恰到好处。从美学的角度看,形体美的标准包含五大要素,即均衡、对称、对比、曲线和韵律。均衡是指身体的各部分要符合身体正常生长发育的特点,并体现在身体各部分长度、宽度和体积的协调,也包括色彩、光泽、姿态、动作和神韵的协调。对称是指身体的左右对称,从正面或背面看身体左右两侧平衡发展,控制人体对称轴的脊柱健康。对比是指在人们审美认知中,当遇到不同事物并列时，差异和衬补使得事物更加完美。人体也符合对比美的规律，如四肢的粗细、躯干的稳定和四肢的灵活、男子的阳刚和女性的柔美等。曲线是指人体的曲线应该线条起伏、对比生动而富有韵律，如肩要平、胸要挺、腹要紧、背要拔、臀要圆、腿要长等。韵律即动作本身的运动规律，形神兼备，身心并用，内外统一的状态。

（三）姿态优美

姿态是指人体在空间活动中形成的姿势和动作，体现在日常生活中的举手投足之间，有静态美和动态美之分。其中，静态美，即形体的匀称、体貌的光润，它主要得力于先天的遗传。动态美，即体式的协调，它主要得力于后天的教育与修养，折射出人的深层的心理活动，乃至潜意识和下意识，在某种程度上还可反映出特定的审美情趣和审美理想，具有较高的审美价值。这种在静态保持和动态活动中所体现出的美感，是形体美重要的组成部分。人们常说的"站如松、坐如钟、行如风、卧如弓"就是人们对于形体美的审美要求。

（四）气质完美

气质完美不仅包括一个人举止风度的美，更侧重于道德意义上"善"的联系。气质美属于一种内在美、精神美，它以一个人的文化、知识、思想修养、道德品质为基础，通过一个人对待生活的态度、情感、个性特征、行为等直观地表现出来。气质外化于一个人的举手投足之间。人们观察、评价一个人的气质时，往往是"由表及里"，透过其眼神、神情、谈吐等表现，才能观察到其气质。比如，外貌秀丽、举止端庄、性格温柔的人，给人以恬静的静态气质美；身材魁梧、行动矫健、性格豪爽的人，给人以粗犷的动态气质美；外貌英俊、举止文雅、性格沉稳的人，给人以高洁优雅的气质美。气质美看似无形，实为有形。

三、影响形体美的主要因素

影响形体美的主要因素有以下五个。

（一）身体条件

身体条件是影响形体美最重要的因素。形体美不仅要求身体各部分均衡发展与整体比例和谐，还要求包括站、立、行、走等各种身体活动时的姿势要呈现美感。健康的身体能充分体现形体美，也能弥补体形上的不足。

（二）运动情况

形体美的审美特征首先在于它的外显性。运动通过改善肌肉条件和体型来影响形体。肌肉附着在人体的骨骼上，骨骼和肌肉塑造的线条极富生命力，它的伸屈会显现出隆起、涌伏的流动感，由此便构成了人体曲线美。

（三）内外环境

形体美不仅包含能够直接显现的因素，还包括那些非直接显现的因素，如人体自身的肌肉形态和力量、通过遗传获得的体型、在教育环境中积累下来的文化底蕴、从社会活动中掌握的形体变化。以上因素作用在机体上，使我们所表现出来的个性特征和举止风度千差万别，从而形成更具生活气息和社会价值的形体美。

（四）生活习惯

俗话说："早晨要吃饱，中午要吃好，晚上要吃少。"首先，良好的饮食习惯是塑造形体美的第一步。其次，良好的作息习惯，早睡早起保养身体，也是形体美的保证。

（五）内在素质

培养良好的气质和陶冶美好情操，不仅可以给人以美感，还可以掩饰体形上的不足。丰富文化知识，加强文化修养，做到自尊、自爱、自信、自立，有助于塑造完善的人格和培养高雅的气质，实现内外兼修。

四、形体测量

（一）将形体测量的数据按比例关系计算

1.（坐高/身高）×100

其值越大，说明躯干相对较长；其值越小，说明躯干相对越短。从人体美的角度来看，躯干较下肢短是比较理想的。一般而言，其值在52以下是短躯干型，在54以上是长躯干型。

2.（胸围/身高）×100

该数据反映胸部或上体发育程度，是人体的横径与纵径之比。其值越大，说明胸部或上体发育较好；反之则较差。

3.（胸围/臀围）×100

该数据反映胸部与臀部的比例关系。男性数值越大，说明越健壮，显示倒三角体形；女性数值在100左右，表明胸围和臀围的比例匀称。

4.（腰围/身高）×100

该数据反映腰部的相对粗细。其值越大说明腰越粗。

5.（体重/身高）×100

该数据反映人体的胖瘦。

6.（大腿围/身高）×100

该数据反映大腿相对粗细。

7.（小腿围/身高）×100

该数据反映小腿相对粗细。

（二）判断体型是否标准的方法

根据形体美的比例标准，以身高为参照，将其他测量值与身高比例作为标准，判断自己的体型是否符合标准。

男：

体重：每厘米身高0.334kg。

胸围：身高的48.5%。

腰围：身高的39.5%。

臀围：身高的50.6%。

女：

体重：每厘米身高0.326kg。

胸围：身高的49.2%。

腰围：身高的42.1%。

臀围：身高的56.5%。

（三）身高与体重关系指数的计算方法

身高与体重关系指数 = 身高 – (100+ 体重)　　(1-1)

评定标准：男性标准指数为5～8，女性标准指数为3～5。若指数大于15，则说明身体过于细长，肌肉无力；若指数小于1，则说明身体过于肥胖。

（四）体格指数的计算方法

$$体格指数 = \frac{体重+胸围}{身高} \times 100 \quad (1-2)$$

体格指数反映人的纵轴、横轴和组织密度，它与心肺与呼吸技能有关，是一个很好的评价体质、体格状况的指数。

评定标准：对于男性，指数在85以上为体格发育良好，指数在84～84.9为体格发育一般，指数在84以下为体格发育较差；对于女性，指数在82.5以上为体格发育良好，指数在81.5～82.4为体格发育一般，指数在81.5以下为体格发育较差。

身体各种状态下的体脂百分比见表1-2。

身体各种状态下的体脂百分比（%）　表1-2

身体状态	男	女
必需脂肪量	0～5	0～8
最少脂肪量	5	15
运动员	5～13	12～22
最佳健康状况	10～25	18～30
最佳体力状况	12～18	16～25
肥胖	>25	>30

实训任务

实训目的：通过身体测量，了解身体基本形态，建立形体档案，为后面的形体训练提供初始数据。

实训要求：

（1）两人一组，开展互测。

（2）进行形体美认知的讨论并记录。形体测量表见表1-3。

形体测量表（%） 表1-3

检测内容	检测标准	自测	评价
	（坐高/身高）×100		
	（胸围/身高）×100		
	（胸围/臀围）×100		
	（腰围/身高）×100		
	（体重/身高）×100		
	（大腿围/身高）×100		
	（小腿围/身高）×100		
形体美内涵的自我认知：			

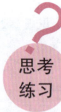

1. 简述形体美构成的三个层次和四个表现。

2. 影响形体美的主要因素有哪些？

3. 请结合本单元学习，为自己制订一个改善形体的计划。

单元三　形体与形体课

1. 了解形体课的意义和价值，树立改善形体的信心。
2. 熟知形体课堂的规范，并能执行规范要求。
3. 掌握形体课堂的自测指数。

形体美教育能使学生获得美的享受，能激发他们对真、善、美的追求。形体美教育在教学过程中更加突出以人为本，充分发挥强身健体的作用，激发学生的运动兴趣，促进学生身心健康，使学生的形体得到健全的发育，促进其大脑、智力的发展，同时关注学生身体、心理、社会适应能力的和谐发展。

一、形体课概述

形体课是以健美练习、姿态练习和协调练习为主要手段，通过运用舞蹈基本功训练的方法，结合音乐，针对人的基本姿态进行身体活动练习，通过改变体形的原始状态，提高人体运动系统的灵活性、控制力和表现力，融健身、健心、健美为一体，塑造优美体形及姿态、培养高雅气质以及加强形体美的审美教育课程。

形体课教学是以训练学生的体形为主，根据学生的心理特征制定专门的课程教学内容，以舞蹈基本功训练为主要的教学手段，在借鉴舞蹈及健美操等动作的基础上，结合音乐进行的一种技术类教学。学生在生长发育中非常需要该课程的辅助，该课程对于提高学生的身体素质以及让学生形成终身体育意识是非常有帮助的。

二、学习形体课的意义

（一）促进身体健康发展

在形体课上对学生进行科学、系统、有效的形体训练，不仅可以使学生皮肤光泽、增强学生的肌肉弹性和关节灵活程度，还可以加速机体新陈代谢，提高机体的微循环，使细胞的再生能力增强，心肌力量增大，供血量充足，肺活量增大，增强机体对疾病的抵抗力，提高机体的免疫功能，等等，从而增强学生体质，促进学生身体健康发展。

（二）提高社会适应能力

随着社会经济的不断发展，人们对美的认识有了极大的改变，尤其是对形体美的认识。当前在校学生要解决步入社会之后如何应对社会各方面压力的问题，这也是我国教育领域一直在考虑和解决的问题。参加形体训练不仅能够提高学生的身体素质水平，而且能够塑造学生优美的体形，让学生的内心充满自信，有效提升学生的心理素质，促进学生人生观和价值观的形成，使学生从容应对来自社会各个领域的压力。

（三）提升个体审美能力

形体课堂是进行美育教育的重要阵地，它能满足学生对美的追求，培养学生"美的意识"，教会学生欣赏美、表现美。每一组练习都配合节奏鲜明、轻松活跃的音乐，能够培养学生的韵律感，陶冶情操；每一个准确动作、优美姿态的塑造，使学生懂得什么是美的动作、美的心灵，从而提高学生对美的感受力、鉴赏力、表现力和创造力。

三、形体课的基本要求

（1）课前必须做好准备活动。

（2）上课时要穿有弹性的紧身服装或宽松的休闲服、体操鞋、舞蹈鞋或健身鞋。

（3）上课时不能佩戴饰物，以免发生伤害事故。

（4）课程要有计划、有步骤，循序渐进，切忌断断续续，要持之以恒，力求系统地掌握形体训练的有关知识和方法。

（5）保持训练场的整洁和安静。

（6）在做器械练习时，要有专人指导和帮助，注意训练安全。

（7）课前和课后要注意补充适当的水，注意饮食营养的合理搭配。

四、形体课堂的自测指数

最大心率×（65%～85%）（美国健身研究协会推荐的健身指标区）

最大心率×（60%～75%）（美国心脏学会推荐的健身指标区）

最大心率×（60%～75%）（美国运动医学会推荐的健身指标区）

瑞典生理学家 Brog 设计出用运动感觉确定运动负荷的新方法，这种方法是用主观心理用力感觉等级量表（Rating of Perceived Exertion，PRE）作为运动时生理符合标准。该表自我感觉分为 6～20 级，并以 PRE 乘以 10 为接近当时负荷者的心率水平。许多学者对运动试验时的 PRE 与各项客观检查指标（如心率、血乳酸、最大吸氧量等）做了比较，发现主观用力感觉和上述生理指标密切相关，PRE 与心率之间的相关指数为 0.80～0.90，在进行形体训练时可作为参照。主观心理用力感觉等级量表（PRE）见表 1-4。

主观心理用力感觉等级量表（PRE）　　　表 1-4

自我感觉	等级	自我感觉	等级
非常轻松	6，7，8	累	15，16
很轻松	9，10	很累	17，18
尚轻松	11，12	精疲力竭	19，20

自我监督的内容包括主观感觉和客观检查。自我监督可依表 1-5 进行。

自我监督表　　　表 1-5

项目	内容	周记	自我评估
主观感觉	运动心情		
	身体感觉		
	睡眠		
	排汗情况		
	食欲		
客观检查	晨起心率		
	运动心率		
	肺活量		
	血压		
	体重		

其中主观感觉采用定性的方法进行确定。

（1）运动心情：很想运动、愿意运动、不想运动、冷淡、厌倦等。

（2）身体感觉：良好、正常、不好等。

（3）睡眠：良好、一般、入睡迟、易醒、多梦、失眠等。

（4）排汗情况：增多、正常、减少、面部或衣衫有盐迹、盗汗等。

（5）食欲：良好、正常、减退、厌食等。

 实训任务

实训目的：开展自测实验并记录，掌握数据并进行自我监督。

实训要求：

（1）提前准备检测用具。

（2）分组进行，根据检测要求进行，以确保检测的有效性和参照性。自我监测表见表1-6。

自我监测表　　　　　　　　　　　表1-6

序号	检测内容	检测标准	自评（5分制）
1	运动心情	很想运动、愿意运动、不想运动、冷淡、厌倦等	
2	身体感觉	良好、正常、不好等	
3	睡眠	良好、一般、入睡迟、易醒、多梦、失眠等	
4	排汗情况	增多、正常、减少、面部或衣衫有盐迹、盗汗等	
5	食欲	良好、正常、减退、厌食等	
6	自测运动前和运动后1分钟心率	准确记录心率并对照观察	
学生小结			
教师评价			

1. 简述开设形体课的意义。

2. 形体训练时心率达到多少最合理？

3. 设计几组不同的动作进行练习，并记录心率。

思考练习

单元四　营养与运动饮食

1. 学习并掌握营养物质的营养特点与属性。
2. 了解各营养物质与运动的关系。
3. 能够运用饮食规则制定合理膳食食谱。

食物是由许多化学成分组成的。人体需要摄入食物，目的是得到其中所含的营养成分和保健成分。因此，食物的健康特性在很大程度上是由其中的化学成分特点所决定的。要了解各类食物的营养价值，就要知道各种食物的化学成分和其中所含的营养物质。各类食物及中国营养学会倡导的食物金字塔，如图1-3所示。

图1-3　各类食物及中国营养学会倡导的食物金字塔

食物中的六大营养物质是碳水化合物（糖）、脂肪、蛋白质、维生素、水、矿物质（无机盐）。

一、碳水化合物（糖）

中国人常说："五谷为养。"五谷中所含的一类重要营养物质，就是碳水化合物，也叫作糖类。

碳水化合物分为可消化碳水化合物和不可消化碳水化合物两部分。

（一）可消化碳水化合物

可消化碳水化合物成分，无论是否有甜味，在身体中都能转化为葡萄糖，而葡萄糖是人体最需要的碳水化合物，因为大脑几乎只能利用葡萄糖提供能量。

简单糖类都是有甜味的物质，其中葡萄糖、果糖、半乳糖属于单糖；蔗糖、麦芽糖、乳糖等属于双糖，或称二糖，它是由两个单糖组成的。

蔗糖 = 葡萄糖 + 果糖

蔗糖在食品中主要以白糖、红糖、冰糖等形式存在。

麦芽糖 = 葡萄糖 + 葡萄糖

麦芽糖在食品中主要以饴糖、过年吃的糖瓜、糖棒等形式存在。

乳糖 = 葡萄糖 + 半乳糖

乳糖只在奶类食品中存在，是奶中极淡甜味的来源。

葡萄糖和果糖天然存在于水果、水果干和蜂蜜中，以果葡糖浆、葡萄糖浆等形式添加于各种甜味饮料和甜食中。

淀粉属于多糖，它是高分子碳水化合物。凡是含有较多淀粉的食物都可以作为主食食用，如粮食、淀粉豆和薯类等。一些常见食物中所含的可消化碳水化合物种类和含量见表1-7。

一些常见食物中所含的可消化碳水化合物种类及含量　　表1-7

食物名称	碳水化合物种类	碳水化合物含量（%）
菠菜	果糖、葡萄糖、蔗糖	4
西瓜	果糖、葡萄糖、蔗糖	5
甜味饮料	蔗糖、葡萄糖浆	10
土豆	淀粉、葡萄糖、蔗糖、果糖	17
饼干	蔗糖、葡萄糖浆	60
绿豆	淀粉	62
黄玉米粉	淀粉	77
大米	淀粉	72

可消化碳水化合物在人体中的作用主要有如下几点：

（1）补充血糖，为人体提供能量。

（2）合成糖原。

（3）足够的碳水化合物可以节约蛋白质的消耗。

（4）帮助脂肪彻底分解。

（5）用来合成脂肪。

（二）不可消化碳水化合物

不可消化碳水化合物主要指膳食纤维。

碳水化合物中除了可消化碳水化合物，其他大分子碳水化合物都不能在小肠中被人体吸收，它们被归类为膳食纤维。膳食纤维属于多糖，人体无法把它们变成单糖吸收，所以大部分膳食纤维会穿肠而过，不产生能量。

食物中主要的膳食纤维包括纤维素、半纤维素、果胶、植物胶、木质素、角质等。这些膳食纤维在大肠中部分或全部被醇解，不仅可以帮助人体控制血胆固醇和血糖的水平，从而有利于预防心脏病和糖尿病等慢性疾病，还可以促进肠道蠕动和预防便秘。

一些食物中膳食纤维的主要类别和总含量，见表1-8~表1-11。

主食类膳食纤维含量　　　　　　　　　　　　　　　　　　　　　　表 1-8

食品名称	分量 (g)	膳食纤维含量 (g)	食品名称	分量 (g)	膳食纤维含量 (g)
小麦胚芽	100	8.9	全麦吐司	100	3.2
全麦面粉	100	5.7	玉米粒	100	1.7
中筋面粉	100	2.8	白米	100	0.4
麦片	100	2.1	胚芽米	100	2.2
面条	100	0.7	糙米	100	3.3
白吐司	100	2.2	燕麦片	100	4.7
芋头	100	2.8	马铃薯	100	2.4

蔬菜类膳食纤维含量　　　　　　　　　　　　　　　　　　　　　　表 1-9

食品名称	分量 (g)	膳食纤维含量 (g)	食品名称	分量 (g)	膳食纤维含量 (g)
莲藕	100	2.7	胡萝卜	100	2.3
竹笋	100	2.3	苜蓿芽	100	2.0
茭白	100	2.1	黄豆芽	100	3.0
芦笋	100	1.9	韭菜	100	2.4
韭黄	100	1.7	洋葱	100	1.6
小白菜	100	1.8	山东白菜	100	1.3
高丽菜	100	1.3	番薯叶	100	3.1
芹菜	100	1.6	芥菜	100	1.6

豆制品、坚果类膳食纤维含量　　　　　　　　　　　　　　　　　　表 1-10

食品名称	分量 (g)	膳食纤维含量 (g)	食品名称	分量 (g)	膳食纤维含量 (g)
油豆腐	100	0.7	冻豆腐	100	2.2
豆腐	100	0.6	五香豆干	100	2.2
干丝	100	4.6	豆腐皮	100	0.6
毛豆	100	2.9	皇帝豆	100	5.1
红豆	100	12.3	豆浆	100	3.0
绿豆	100	11.5	豌豆	100	8.6
花生	100	3.0	核桃粒	100	5.5

水果类膳食纤维含量　　　　　　　　　　　　　　　　　　　　　　表 1-11

食物名称	分量 (g)	膳食纤维含量 (g)	食物名称	分量 (g)	膳食纤维含量 (g)
白柚	100	1.0	柑橘	100	1.7
橙子	100	2.3	苹果	100	1.6
葡萄柚	100	1.2	葡萄	100	0.6
杧果	100	0.8	西洋梨	100	3.0
雪梨	100	1.6	香瓜	100	0.6
西瓜	100	0.3	加州李子	100	1.5
哈密瓜	100	0.8	桃子	100	2.4
水蜜桃	100	1.5	木瓜	100	1.7
枣子	100	1.8	荔枝	100	1.3
枇杷	100	1.2			

二、脂肪

在很多人眼里，脂肪是不受欢迎的成分。其实脂肪是一类重要的营养素。它之所以不受欢迎，是因为人体不可摄入过多的脂肪。

（一）脂肪的组成

从营养学角度来说，脂类家族的成员主要有三酰甘油酯、磷脂和固醇。其中，数量最多的是三酰甘油酯，也称为甘油三酯。我们平常吃的各种油脂（图1-4），其主要成分就是三酰甘油酯。我们人体中积累的脂肪的主要成分也是三酰甘油酯。因此，这里重点讲一下关于三酰甘油酯的常识。

图1-4　各种油脂

在食物和人体中，三酰甘油酯，也就是我们平常所说的脂肪，是由脂肪酸和甘油结合而存在的。脂肪的不同，只取决于其中所含脂肪酸的不同。不同的天然食物，脂肪当中所含脂肪酸的比例不同，组合的方式也不一样，所以每一种食物脂肪的软硬度、稳定性、健康作用等都不一样。

（二）脂肪与运动的关系

脂肪和蛋白质都属于热能营养元素，可以转化成能量提供给机体利用，1g脂肪可以完全释放9kcal热量，1g蛋白质可以释放4kcal热量。

在人体运动过程中，需要消耗能量，这些能量来源于碳水化合物（糖）、脂肪和蛋白质的转化。有氧运动可以将脂肪和蛋白质转化成能量提供给机体利用。实际上主要为机体提供热量的是碳水化合物，其次是脂肪，最后是蛋白质。

与人身材有关系的是脂肪和蛋白质。脂肪是能量的储存形式之一，蛋白质则是人体组织的主要组成部分。现在人们都尽可能减少脂肪的摄入，增加蛋白质的摄入。

脂肪可以转化为糖，但不能转化为蛋白质。也就是说，如果你要减少脂肪，那么就需要将脂肪尽可能转化为糖类后，让糖类为运动供能。也就是我们平时说的"运动减肥"。为什么要做长时间的有氧运动，就是要脂肪氧化分解供能以及转换为糖原（图1-5）。

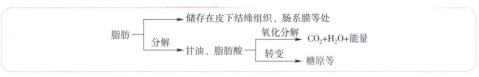

图1-5　脂肪的去处

（三）脂肪在人体中的作用

（1）脂肪是人体重要的能量储备物质。

（2）脂肪是人体能量的重要来源。

（3）脂肪为人体提供必需脂肪酸。

（4）脂肪有助于脂溶性物质的吸收和储存。

三、蛋白质

（一）蛋白质和氨基酸

蛋白质是构成细胞的基本物质，是生命细胞的组成成分。几乎所有天然食物（图1-6）中都含有蛋白质。动物性食物是蛋白质的良好来源。各种肉类、鱼贝类、蛋类和奶类都含有丰富的蛋白质。蔬菜、水果、藻类、薯类的蛋白质含量相对较低，粮食类蛋白质含量相对高一些，豆类和豆制品都是蛋白质的良好来源。

图1-6 含有蛋白质的天然食物

组成蛋白质的氨基酸有20种，其中有8种是成年人不能合成或合成速度极慢无法满足身体需要的，这些氨基酸被称为必需氨基酸。必需氨基酸必须从食物中获得。

除了这8种氨基酸，其他非必需氨基酸也不是没有意义的，因为人体虽然能够合成它们，合成材料中的氮元素也需要从食物蛋白质中获得。也就是说，人体对蛋白质的需要有两层意义：一是必需氨基酸一种都不能少，比例合理；二是总的蛋白质含量要充足，以保证非必需氨基酸和其他重要含氮物质的合成。

（二）蛋白质在人体中的作用

（1）蛋白质是人体的重要组成成分，血液、肌肉、神经、皮肤、毛发等都是由蛋白质构成的。

（2）蛋白质参与组织的更新和修复。

（3）蛋白质是体内各种酶的合成原料。

（4）蛋白质可以用作能源，或用来合成葡萄糖。

四、维生素

19世纪末至20世纪初，人们发现，维生素的缺乏是引起疾病和死亡的重要原因，人们日益注重维生素在维持健康状态和预防慢性疾病方面的作用。

维生素与蛋白质、脂肪和碳水化合物不同，它是一种微量营养素，每天所需要的数量只有不足1g。

人体所需要的维生素一共有13种，它们不构成身体成分，也不含有能量，与能量平衡和体重变化无关，却是人体重要生理活动所需要的辅酶，对于人体代谢功能的正常运转必不可少。

大部分食物（图1-7）中的维生素在储藏、加工和烹饪当中会有一定的损失。维生素根据溶解性不同可分为水溶性维生素和脂溶性维生素。水溶性维生素具有亲水性，易溶于水，在有水的情况下被人体直接吸收。水溶性维生素共有9种，包括8种B族维生素和维生素C。脂溶性维生素共有4种，包括维生素A、维生素D、维生素E和维生素K。它们存在于食物的油脂部分，需要有脂肪的帮助才能被人体吸收。

图1-7 富含维生素的食物

维生素能够调节人体正常的生理活动，缺乏时会引起缺乏症。例如，缺乏维生素A，容易引起干眼症、夜盲症；缺乏维生素B_1，容易引发神经炎、脚气病；缺乏维生素C，易患坏血病；缺乏维生素D，青少年易患佝偻病，成年人易患骨质疏松症。

五、水

健康成年人体内含水70%左右，主要存在于肌肉组织和体液中。人体内的液体分为细胞内液和细胞外液。所有细胞和液体中的物质成分都处在一个微妙的平衡当中，以维持机体的稳态。

水（图1-8）在体内的生理功能如下：

（1）作为介质帮助营养素、各种代谢产物等在体内循环。

（2）作为溶剂帮助水溶性营养成分的吸收和废物的排泄。

（3）作为反应物，参与多种生物化学反应。

（4）维持大分子的结构和功能，没有水，蛋白质不可能形成有活性的构型。

（5）帮助维持体温。

（6）帮助机体内部润滑。

（7）帮助维持细胞内液和细胞外液的容量。

图1-8 水

水是人体需求量最大的一种营养成分，也是维持生命机体最迫切需要的营养成分。适当地饮水非常重要。但是需要注意的是，饮水过量或缺水，都会给身体和健康带来危害。当人感觉渴的时候，机体已经失去2%的水分，如果不能及时补充水分，人体会发生脱水；如果饮水过量，则会发生水中毒现象。

六、矿物质（无机盐）

矿物质和维生素一样，是人体必需的元素。每天应摄取的矿物质的量也是基本确定的，但随年龄、性别、身体状况、环境、工作状况等因素的不同会有所不同。虽然矿物质在人体内的总量不及体重的5%，也不能提供能量，并且在体内不能自行合成，必须由外界环境供给，但是它们在人体组织中发挥着重要的生理作用。矿物质是构成机体组织的重要原料，如钙、磷、镁是构成骨骼、牙齿的主要原料。矿物质是维持机体酸碱平衡和正常渗透压的必要条件。

体内有些特殊的生理物质（如血液中的血红蛋白、甲状腺素等）需要铁、碘的参与才能合成。在人体的新陈代谢过程中，每天都有一定数量的矿物质通过粪便、尿液、汗液、头发等途径排出体外，因此，必须通过饮食予以补充。但是，由于某些微量元素在体内发挥生理作用的剂量与中毒剂量非常接近，过量摄入不但无益反而有害。

矿物质对人体的作用如下：

（1）矿物质是构成机体组织的重要成分。例如，骨骼、牙齿主要由钙、磷、镁等矿物质构成，缺乏钙、镁、磷、锰、铜，可能引起骨骼或牙齿不坚固。

（2）矿物质是多种酶的活化剂、辅因子或组成成分。例如，钙是凝血酶的活化剂，锌是多种酶的组成成分。

（3）矿物质是某些具有特殊生理功能物质的组成部分。例如，碘是甲状腺素的组成部分，铁是血红蛋白的组成部分。

（4）矿物质能维持神经肌肉兴奋性和细胞膜的通透性。例如，钾、钠、钙、镁是维持神经肌肉兴奋性和细胞膜通透性的必要元素。

七、安排运动饮食的注意事项

在运动前后和运动过程中，科学合理的饮食安排会使运动效果"事半功倍"。因此，安排运动饮食，必须注意以下几个方面：

（1）运动前应食用少量食物。空腹和刚进食后就开始运动，对人体健康都是非常不利的。在运动前半小时食用少量食物，不仅可以避免因为体力活动而导致的消化功能紊乱，还可以增强运动效果。如果是晨练，早餐一定要避免食用难以消化的食物，最好食用少量奶制品、谷类、水果、饮料。

准备开始一项运动，至少要摄入以下食品：每天一道主食，如通心粉、米饭、土豆，或者其他谷类食品；每天2～3个水果。在运动时间延长时需要再补充甜食和甜味饮料。

在运动饮食中，碳水化合物是必需的。随着运动时间的延长，葡萄糖会不断消耗，直至全部消耗完。这时，如果运动强度不是很大，肌肉会去消耗机体中储存的脂肪。但是运动过程中快糖（包括谷物营养棒、水果、果酱等）的消耗可以避免肌肉出现酸累感，以及低血糖的情况发生。

（2）在运动过程中应及时补充水分。如果运动时间少于1h，每15min应喝水150～300mL；如果运动时间在1～3h，每小时必须增加0.5～1L水；如果外面的温度超过25℃则应增加饮水。在开始锻炼前15min要喝1/4L弱矿化水；运动过程中至少每15min补充1/8L弱矿化水，如果运动剧烈，则需要补充掺水的果汁（1/3的果汁、2/3的水）。在运动结束后马上补充含碳的汽水、果汁或蔬菜汁、牛奶（根据运动时间长短补充0.25～0.5L）以利于排除体内毒素。白天可以饮用富含钙元素和镁元素的矿泉水，以补充身体对矿物盐的需求，因为肌肉运动会增加对矿物盐的需求，汗液的挥发也会带走身体中的一部分矿物盐。此外，运动时一定不要喝冰水，因为剧烈运动时喝冰水会引起消化系统方面的问题。

（3）运动后不宜吃鱼肉等酸性食物。其理由是：运动后，人体内的糖、脂肪、蛋白质被大量分解，产生乳酸、磷酸等酸性物质，这些酸性物质会刺激人体组织器官，使人感到肌肉、关节酸胀和精神疲乏。鱼肉等食品属于酸性食物，运动后立即食用这些酸性食物，会使体液更加酸性化，不利肌肉、关节酸胀感和身体疲劳感的消除。此时体内缺乏的是糖类能量物质，而不是蛋白质。因此，运动后应摄入一些含糖的食物和含糖饮料，这样有利于人体快速地吸收和利用；也可以摄入一些含糖的食物，如馒头、米饭、米粥等，这些食物经过代谢可转化成为机体所需的葡萄糖，以保持人体内酸碱平衡，从而达到消除运动疲劳、保持健康的目的。

八、减脂饮食应该遵循的基本原则

减脂饮食应该遵循如下基本原则：

（1）少食多餐。
（2）早餐必须吃。
（3）绿色蔬菜可以多吃。
（4）饮食应多蛋白质。
（5）碳水化合物可适量吃。
（6）饮食做到少盐、少油、少糖。

 实训任务

实训内容：
（1）选6类不同的食物，分别说出它们所含的营养，以及它们和人体的关系（表1-12）。

实训表　　　　　　　　　　　　　　　　　　　表 1-12

序号	不同食物	所含营养	与人体的关系
1	食物1：		
2	食物2：		
3	食物3：		
4	食物4：		
5	食物5：		
6	食物6：		
学生小结			
教师评价			

（2）举例说出一天的膳食内容，检查营养搭配的合理性。

实训要求：

（1）分组讨论。食物可以采用图片代替实物。

（2）举例要求真实随机，能真实反映日常饮食习惯。

1. 简述早餐的重要性。

2. 通过节食来达到瘦身为何不科学？

思考
练习

3. 为自己制订一周或一个月减脂塑身饮食计划，并记日记。

4. 为自己找一位塑身榜样。

知识拓展

人体美学之"三庭五眼"

人体美学是研究人体美相关理论的一门学科。人体美是指人体作为审美对象所具有的美。狭义的人体美多侧重于人的自然属性,主要是指人的形体、容貌,注重的是人的形态学特征。广义的人体美应是人的外在美和内在美的有机统一,只有这样,人体美才是完整的美、真正的美。

关于人体面部的比例关系,我国早就有"三庭五眼"之说,它阐明了人体面部正面观纵向和横向的比例关系。"三庭"是指将人面部正面横向分为三等分,即从发际至眉线为一庭,眉线至鼻底为一庭,鼻底至下巴为一庭。"五眼"是指将面部正面纵向分为五等分,以一个眼长为一等分,即两眼之间的距离为一个眼的距离,从外眼角垂线至外耳孔垂线之间为一个眼的距离,整个面部正面纵向分为五个眼的距离。(图1-9)按"三庭五眼"比例画出的人物面部比例是和谐的。

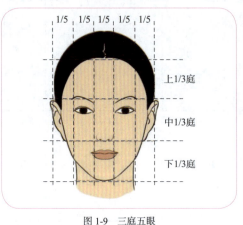

图1-9 三庭五眼

模块二 形体训练基础

情境导入

小美完成了形体认知模块的学习,随同学们一起走进形体教室,可站在镜子面前的她开始犯愁了,紧身的形体服不仅暴露了她微胖的体形,笨拙的动作还让她感觉到自己肢体的不协调。李老师看出了小美的尴尬,鼓励她:"完成模块二形体训练基础部分的学习,相信你一定会找回自信……"

模块知识

对于从事服务行业的工作人员来说，形体训练（图2-1）尤为重要。进行形体训练可以有效地改善身体形态，通过基本姿态的训练达到形体健身和塑形的效果。

图2-1 形体训练

一、形体训练的原则

形体训练是一个锻炼健康体魄、训练仪表仪态的过程。科学的形体训练能够帮助学生提高肌肉控制能力、动作的表现能力以及协调性、灵活性等，从而获得健康的体魄、优雅的体态。形体训练应遵循以下原则。

（一）科学性原则

形体训练要求采用科学的手段，根据人体结构，有顺序、有目的地训练；通过某一动作的刺激，提高可兴奋组织的兴奋度；动作的强度、幅度、力度及呼吸方法具备科学性；训练有计划；选择适当的音乐和训练场所；科学地评定训练效果。

（二）实效性原则

形体训练必须有明确的训练目的和训练要求。形体训练的目的是促进身体的健康发育和提高身体素质，提升学生的形象气质。形体训练是一个漫长的过程，所以每一个训练内容和训练阶段都需要我们有明确的目的和要求，这样才能够调动训练的积极性，使训练具有实效性。

（三）多样性原则

在形体训练过程中，吃苦流汗是一定的。每个学生的体质不同，在训练的不同阶段身体会产生不同程度的疲惫感。形体训练时间长，会让人觉得枯燥，意志力差的人很难坚持下去。所以要采用多种形体训练的内容、形式和方法，调动学生训练的积极性，使其自觉、积极、主动地参与训练，克服训练的单调疲惫，达到良好的训练效果。

（四）循序渐进原则

通过形体训练达到身体健美是一个比较漫长的过程。在形体训练的过程中，需要遵循由易到难、由简到繁，逐步提高教学难度和要求的原则。形体训练课程要循序渐进，使训练教学在保证学生身心健康的情况下合理有序，符合训练的客观要求，提高学生的接受能力和练习效果，同时防止训练伤害事故的发生。

（五）坚持性原则

塑造完美的体形不是一日之功，形体训练必须持之以恒，使形体训练中各种有效的方法对人体各部位产生持久的影响，并使人逐渐形成一种"习惯"，举手投足都体现出一种"行为美"。坚持形体训练也有助于人体生物节律的形成，使人体逐渐适应训练和有准备地参加训练，进一步提高训练效果。

（六）全面性原则

通过形体训练能够提高身体素质和活动能力，形体训练要力求全面影响人体，在各个不同训练阶段要突出重点，并兼顾其他方面。

总之，形体训练不但能使体形得到良好的改善，还能使个人气质优雅脱俗。因此，形体训练已成为学生提升综合素质的有效手段。

二、形体训练相关注意事项及自我监控

（一）形体训练相关注意事项

1. 形体训练课注意事项

（1）上课前做好准备活动。

（2）上课时要穿有弹性的紧身服装或宽松的休闲服、体操鞋、舞蹈鞋或健身鞋。

（3）上课时不能佩戴饰物，以免发生伤害事故。

（4）课程要遵循训练计划，系统地掌握形体训练的有关知识和方法；要持之以恒、循序渐进，切忌断断续续。

（5）要保持训练教室的整洁和安静。

（6）使用器械时，要有专人指导和帮助，特别是对于大型组合器械的运用，要注意训练的安全。

（7）在课前和课后要注意补充适当的水分，同时要注意饮食营养的合理搭配。

2. 形体训练注意事项

（1）自身生理机能的检查。通常用测量运动前后的心率、血压和肺活量等方法检查运动后疲劳和恢复的程度。

（2）合理安排锻炼的时间和运动负荷。

（3）运动形式合理。无氧运动与有氧运动相结合，促进心肺和肌肉功能的协调发展；全身运动与局部练习相结合，既要针对身体某部位进行强化训练，又要兼顾身体的全面发展；练习以培养良好形态为主，选择多样化的练习形式。

（4）要注重合理的营养和膳食结构。

（5）自我监测。相同时间和条件下，运用同一种测量方法进行体重、身体各部位围度的测量。每周进行一次测量，将数据进行对照，可以检查出身体的变化情况。

（二）形体训练的自我监控

形体训练的自我监控是全面检查与评定体质状况和锻炼效果的一种方法。其主要是从健康状况、身体形态、心理承受能力、身体素质、精神状态、食欲、睡眠、对自然环境的适应能力、克服疲劳的能力和运动损伤处理等多方面进行自我监控。自我监控要注意两方面内容：一方面应注意运动量不足影响训练效果，另一方面应避免运动量过大而造成的身体不适。其具体事项如下。

1. 形体训练运动强度控制

形体训练主要以有氧运动为主，强度不宜过大。根据个人身体状况，在没有身体急（慢）性疾病的前提下，一般以中等强度为宜。训练前后可通过测试脉搏进行自我检测。

（1）小强度：训练后脉搏频率为 120 次 / min 以下。

（2）中强度：训练后脉搏频率为 120 ～ 150 次 / min。

（3）大强度：训练后脉搏频率为 150 ～ 180 次 / min。

一般可测试 10s 的脉搏，再乘以 6，得出训练前后脉搏频率的对照。如果经过一段时间训练后，较长时间不能恢复到安静时的正常脉搏，停止训练后脉搏反而增加，说明运动负荷过大。

2. 形体训练呼吸检测

形体训练动作要与呼吸有节奏地协调配合。肢体伸展用力时用鼻子深深地吸气，动作还原或肌肉放松时用口部慢慢地呼气。呼吸要充分、均匀、有力而有节奏，不能短促、急躁。一般呼吸频率为 12 ～ 18 次 / min。如锻炼后 10min 未恢复正常，则运动负荷过大。呼吸方式不对，可能会对心脏造成巨大压力，出现岔气、胸闷等现象。正确的呼吸方式：有利于肌肉的增长。

 模块计划

一、训练计划

周训练及饮食安排见表2-1。

周训练及饮食安排　　　　表2-1

时间	训练安排	饮食安排
周一	60min 有氧训练	训练日饮食
周二	休息	平时饮食
周三	休息	平时饮食
周四	60min 有氧训练和力量训练	训练日饮食
周五	休息	平时饮食
周六	休息	平时饮食
周日	60min 有氧训练	训练日饮食

二、训练时间分配

热身活动训练：2～8min。
柔韧性训练：5～8min。
力量训练：15min。
腰腹训练：5～10min。
协调性训练：5～10min。
放松训练：5～10min。

三、训练周期

训练时间安排要合理，在训练期间，训练间隔不得超出3d，即隔两天练习一次，使身体有充足的休息，并以很好的精神状态投入到工作和下一次身体锻炼中。

单元一　热身活动训练

学习目标

1. 学会热身活动的训练动作和节奏。
2. 掌握热身活动的基本方法。
3. 能够运用热身训练进行身体锻炼前期预热。

单元训练

一、头部训练

热身活动之头部训练见表2-2。

热身活动之头部训练　　　　　　　　　　　　　　　　　　表2-2

准备姿势	训练内容	图示
双腿开立，比肩略宽，双手自然垂放两侧	训练动作： 1~4拍：头部向前，下巴找锁骨，还原。双肩下沉，固定不动。颈部，尽可能拉长[图2-2a]。 5~8拍：头部向后、向下，再向上找天花板，还原[图2-2b]。 1~4拍：头部向右找肩，还原[图2-2c]。 5~8拍：头部向左找肩，还原[图2-2d]。 相同动作重复2个8拍	a)　b) c)　d) 图2-2

二、肩部训练

热身活动之肩部训练见表2-3。

热身活动之肩部训练　　　　　　　　　　　　　　　　　　表2-3

准备姿势	训练内容	图示
双腿开立，比肩略宽，双手自然垂放两侧。上身挺直，收腹立腰	训练动作： 1~4拍：双肩向上提拉，下沉[图2-3a）、b）]。 5~8拍：同上动作。 1~4拍：双肩向上，提拉，下沉。 5~8拍：同上动作。 1~4拍：双肩向前大绕环[图2-3c]。 5~8拍：同上动作。 1~4拍：双肩向后大绕环[图2-3d]。 5~8拍：同上动作	a)　b) c)　d) 图2-3

三、脊柱训练

热身活动之脊柱训练（二维码视频 1）见表 2-4。

热身活动之脊柱训练　　　　　表 2-4

准备姿势	训练内容	图示
双腿开立，比肩略宽，双手自然垂放两侧	训练动作： 1~8 拍：从头部开始向下放松脊柱至双手扶地。向下时，背部脊柱一节一节地放松 [图 2-4a）、b)]。 1~8 拍：从尾椎开始向上起身至还原直立。向上时，先起脊柱，最后起头，调整呼吸。 1~8 拍：双手后支撑，头部带领向后展肩至最大幅度。向后时，根据自身身体条件向后、向下，不要憋气。 1~8 拍：从胸椎开始向上挑腰，还原 [图 2-4c）、d)]	a) b) c) d) 图 2-4

四、腰部训练

热身活动之腰部训练（二维码视频 2）见表 2-5。

热身活动之腰部训练　　　　　表 2-5

准备姿势	训练内容	图示
双腿开立，比肩略宽，双手自然垂放两侧，上身挺直，收腹，立腰	训练动作： 1~2 拍：双手从两侧抬起至头顶 [图 2-5a)]。 3~4 拍：双手在头顶交叉上推 [图 2-5b)]。 5~8 拍：双手交叉前推，身体与腿部成 90°角。注意上身直立，不能含胸。腿部后侧有拉伸感 [图 2-5c）、d)]。 1~4 拍：双手上推起身，双手至头顶。 5~8 拍：双手 3 位手位打开，还原。 1~2 拍：双手从两侧抬起至头顶。 3~4 拍：双手在头顶交叉上推。 5~8 拍：双手交叉前推，身体与腿部成 90°角。 1~4 拍：双手上推起身，双手至头顶。 5~8 拍：双手 3 位手位打开，还原，同时收腿至双腿并拢	a) b) c) d) 图 2-5

五、膝关节训练

热身活动之膝关节训练见表2-6。

热身活动之膝关节训练 表2-6

准备姿势	训练内容	图示
双手叉腰，双腿并拢	训练动作： 1~2拍：小蹲起。蹲起动作不用很大，上身保持挺直（图2-6）。 3~4拍：同上动作。 5~6拍：同上动作。 7~8拍：同上动作。 重复4个8拍	图2-6

六、脚踝训练

热身活动之脚踝训练见表2-7。

热身活动之脚踝训练 表2-7

准备姿势	训练内容	图示
双手叉腰，双腿并拢	训练动作1： 1~2拍：单脚推脚跟离地至前脚掌着地。推脚掌动作要使脚跟、脚掌全部离地[图2-7a)、b)]。 3~4拍：放脚跟还原。 5~6拍：同侧单脚推脚跟离地至前脚掌着地[图2-7d)]。 7~8拍：放脚跟还原。 重复1个8拍。 换反面相同动作做2个8拍。 训练动作2： 1~2拍：双腿伸直，立半脚掌立半脚尖时身体向上，立到极限位置，注意不要端肩[图2-7c)]。 3~4拍：放脚跟落地还原。 5~6拍：双腿伸直，立半脚掌。 7~8拍：放脚跟落地还原。 重复2个8拍。 训练动作3： 1~8拍：立半脚尖保持不动。 1~4拍：双手至3位手位[图2-7d)]。 5~8拍：双手从两侧打开还原[图2-7e)]	a) b) c) d) e) 图2-7

七、放松训练

热身活动之放松训练见表 2-8。

热身活动之放松训练　　　　　　　　　　　　　　　表 2-8

准备姿势	训练内容	图示
弓步双脚尖朝前，双手叉腰	训练动作： 后侧脚跟向下压拉伸，正反方向各做一次（图 2-8）	图 2-8

 实训任务

实训内容：根据所给训练动作，配合音乐完成整体热身组合动作。

实训要求：

（1）以组为单位，全员训练展示。

（2）动作标准，尽可能做到自己身体的极限位置。

（3）配合音乐节奏。

每组同学配合音乐将热身训练动作进行展示，达到训练效果。检测时，按照表 2-9 的检测内容和标准进行测评。

热身活动训练效果测评表　　　　　　　　　　　　　表 2-9

序号	检测内容	检测标准	自评（5分制）	互评（5分制）
1	头部训练、肩部训练	动作整齐，节奏合拍，极限位置		
2	脊柱训练	动作做满 8 拍，身体律动顺序准确		
3	腰部训练	极限位置，后背始终保持平直		
4	膝关节训练	膝关节活动自如，节奏准确		
5	脚踝训练	极限位置，还原和立半脚尖时膝盖并拢，收腹立腰		
总分				

1. 思考：为什么训练日和非训练日饮食要有所不同？

2. 找 3 首适合热身活动的音乐。

3. 编排一组适合自己的热身组合动作。

单元二　柔韧性训练

学习目标

1. 掌握身体柔韧性训练的要点。
2. 能够提高形体姿态的柔美度。

单元训练

一、肩部训练

（一）前压肩

柔韧性训练之肩部训练——前压肩见表2-10。

柔韧性训练之肩部训练——前压肩　　　表2-10

准备姿势	训练内容	图示
双腿开立，比肩略宽，双手自然垂放两侧	训练动作： 1～2拍：上身前倾，双手搭杆。 3～8拍：向下压肩，逐渐加力至极限幅度，保持住，感到肩部韧带被拉长 [图2-9a）]。 1～8拍：同上动作。 1～2拍：放松肩部，上身略上抬至90°[图2-9b）]。 3～8拍：向下压肩，逐渐加力至极限幅度，保持住，感到肩部韧带被拉长 1～4拍：同上动作。 5～8拍：起身，收腿，双脚并拢，双手自然垂放两侧	a）　　b） 图2-9

（二）反压肩

柔韧性训练之肩部训练——反压肩见表2-11。

柔韧性训练之肩部训练——反压肩　　　表2-11

准备姿势	训练内容	图示
背向杆，双腿开立，比肩略宽，双手自然垂放两侧	训练动作： 1～2拍：双手向后搭杆，上身保持直立 [图2-10a）]。 3～8拍：双腿屈膝下蹲，抬脚跟，身体自然前倾，向下压肩，感到肩部韧带被拉长 [图2-10b）]。 1～8拍：保持压肩姿势不动。 1～8拍：同上动作。 1～4拍：同上动作。 5～8拍：起身站立，双腿收拢，双手自然垂放两侧	a）　　b） 图2-10

二、腿部训练

（一）压前腿

柔韧性训练之腿部训练——压前腿见表2-12。

柔韧性训练之腿部训练——压前腿			表 2-12
准备姿势	训练内容	图示	
面向把杆，双脚并拢直立，双手自然垂放两侧	训练动作： 1～4拍：抬右腿前搭杆，与左腿成90°角，膝关节绷直，脚背外开绷直。右臂经体侧上举至3位 [图2-11a)]。 5～8拍：双手搭膝，身体前倾向前压腿，右臂前伸手指碰脚尖。腹部找腿，下巴找脚尖，上身延伸，感到腿部韧带被拉长 [图2-11b)]。 1～8拍：身体前倾到极限位置，保持不动。 1～4拍：抬身下压，腿部手臂保持不动。 5～8拍：身体前倾，双手搭膝，腹部找腿，下巴找脚尖，上身延伸。 1～4拍：同上动作。 5～8拍：起身，下腿，双脚并立，双手自然垂放两侧。 换反面相同动作重复4个8拍	a)　　　　b) 图 2-11	

（二）压旁腿

柔韧性训练之腿部训练——压旁腿见表 2-13。

柔韧性训练之腿部训练——压旁腿			表 2-13
准备姿势	训练内容	图示	
面向把杆，身体靠近把杆，双脚并拢直立，双手自然垂放两侧	训练动作： 1～4拍：双手扶把，右腿搭杆，膝关节绷直，脚背外开绷直。左臂经体侧上举至3位 [图2-12a)]。 5～8拍：举左臂，身体往右倾斜，左臂延伸找脚尖，上身向上翻转，感到右侧腿韧带被拉长 [图2-12b)]。 1～8拍：逐渐加大力度到极限幅度，保持动作。 1～8拍：同上动作。 1～4拍：同上动作。 5～8拍：起身，下腿，双脚并立，双手自然垂放两侧。 换反面相同动作重复4个8拍	a)　　　　b) 图 2-12	

（三）压后腿

柔韧性训练之腿部训练——压后腿见表 2-14。

柔韧性训练之腿部训练——压后腿			表 2-14
准备姿势	训练内容	图示	
身体侧对把杆，双脚并拢直立，左手扶杆，右手叉腰	训练动作： 1～4拍：向后抬右腿，右腿搭杆，与左腿成90°角，双膝保持伸直。右臂经体侧上举至3位 [图2-13a)]。 5～8拍：身体后仰，上挑胸腰，右臂后举延伸找右脚，双肩同时后展，逐渐用力到最大幅度 [图2-13b)]。 1～4拍：同上动作。 5～8拍：身体回直，眼睛看正前方。 重复动作，换反面相同动作重复4个8拍	a)　　　　b) 图 2-13	

三、放松动作

柔韧性训练之放松动作见表2-15。

柔韧性训练之放松动作　　　　　　　　　　　　表 2-15

准备姿势	训练内容	图示
双脚并拢直立，双手自然垂放两侧	训练动作： （1）肩部运动：肩部前后绕环。 （2）腰部运动：双手叉腰，腰部绕环，正反各做2次［图2-14a)、b)］。 （3）踢腿运动：腿部放松，前后轻踢腿。左、右腿轮换［图2-14c)、d)］	a)　　　b) c)　　　d) 图 2-14

实训任务

实训内容：根据所给训练动作，配合音乐完成整套柔韧性训练组合。

实训要求：

（1）以组为单位，全员训练展示。

（2）动作标准，尽可能做到自己身体的极限位置。

（3）配合音乐节奏。

每组同学配合音乐将柔韧性训练动作进行展示，达到训练效果。

柔韧性训练效果测评表见表2-16。

柔韧性训练效果测评表　　　　　　　　　　　　表 2-16

序号	检测内容	检测标准	自评（5分制）	互评（5分制）
1	前压肩	肩部放松，抬头塌腰，双腿保持直立		
2	反压肩	抬头，平视，腰背保持挺直		
3	压前腿	极限位置，双膝笔直，腹部贴近腿部		
4	压旁腿	极限位置，用后背找大腿，双膝笔直，腿外开		
5	压后腿	极限位置，胸腰挺直，双膝笔直		
总分				

1. 柔韧性训练对培养良好的仪态和气质有哪些作用?

2. 进行柔韧性训练时要注意什么?

3. 编排一组适合自己的柔韧性训练的组合动作。

4. 找 3 首适合柔韧性训练的音乐。

单元三 腰腹力量训练

学习目标

1. 掌握身体腰腹力量训练的要点。
2. 能够增加腰腹肌力量，使形体匀称美观、健康有型。

单元训练

一、仰卧起腿

腰腹力量训练之仰卧起腿见表2-17。

腰腹力量训练之仰卧起腿　　　　　　　　　　　　　　　　　　表2-17

准备姿势	训练内容	图示
仰卧在垫子上，下背部紧贴地面，双手放在身侧，掌心朝下，双腿伸直	训练动作： 1～2拍：收缩腹肌，吸气，伸直双腿抬起[图2-15a)]。 3～4拍：抬双腿至90°，保持[图2-15b)]。 5～8拍：呼气，慢慢放下双腿，身体保持平躺，至离地10cm，不要落下[图2-15c)、d)]。 1～2拍：收缩腹肌，吸气，伸直双腿抬起。 3～4拍：抬双腿至最大限度，保持。 5～8拍：呼气，慢慢放下双腿，身体保持平躺，伸直双腿，回到开始状态。 相同动作重复2个8拍	a) b) c) d) 图2-15

二维码视频3

二、举腿卷腹

腰腹力量训练之举腿卷腹（二维码视频3）见表2-18。

腰腹力量训练之举腿卷腹　　　　　　　　　　　　　　　　　　表2-18

准备姿势	训练内容	图示
仰卧在垫子上，身体紧贴地面	训练动作： 1～4拍：双腿抬起大小腿夹角为90°[图2-16a)]。 5～6拍：收缩腹肌，抬起上身，空中停2s，腿部不动[图2-16b)]。 7～8拍：上身还原，平躺仰卧。 相同动作重复4个8拍	a) b) 图2-16

三、背肌训练

腰腹力量训练之背肌训练见表2-19。

腰腹力量训练之背肌训练　　　　　　　　　表2-19

准备姿势	训练内容	图示
面部朝下俯卧，手臂伸直自然放在身体两侧	训练动作： 1～8拍：双手背后，用力挺胸抬头，使头、胸部离开垫面到最大限度，保持3～4s，然后回位[图2-17a）、b)]。 1～8拍：同上动作。 1～8拍：双手背后，用力挺胸抬头，使头、胸部离开垫面，同时膝关节伸直，双腿并拢用力向后向上离开垫面，到最大幅度保持3～4s，然后回位[图2-17c）、d)]。 1～8拍：同上动作。 相同动作重复4个8拍	a) b) c) d) 图2-17

四、站立控腰

腰腹力量训练之站立控腰见表2-20。

腰腹力量训练之站立控腰　　　　　　　　　表2-20

准备姿势	训练内容	图示
双脚并拢，站立，双臂自然下垂位于体侧	训练动作： 1～8拍：双臂伸直，经前上举，同时吸气，身体后仰[图2-18a）、b)]。 1～8拍：到极限位置停留3～4s，呼气，起腰，身体回到直立状态，手臂放下回至身体两侧[图2-18c)]。 1～8拍：双臂伸直，经前上举，同时吸气，身体后仰。 1～8拍：到极限位置停留3～4s，呼气，起腰，身体回到直立状态，手臂放下回至身体两侧。 相同动作重复4个8拍	a) b) c) 图2-18

五、提沉冲靠

腰腹力量训练之提沉冲靠（二维码视频4）见表2-21。

二维码视频4

腰腹力量训练之提沉冲靠　　　　　　　　　　　　　　表 2-21

准备姿势	训练内容	图示
盘坐在地面上，双膝打开，后背挺直，眼平视前方。手腕搭于膝盖上	训练动作： 1～4拍：呼气，放松尾椎、腰椎、胸椎、颈椎、头部［图2-19a）、b）］。 5～8拍：吸气，挺直尾椎、腰椎、胸椎、颈椎、头部，到还原直立。 重复提沉动作2～4个8拍。 1～4拍：冲2点方向冲出，肩部充分旁移［图2-19c）］。 5～8拍：向6点方向后背向后靠，肩部保持一个水平面［图2-19d）］。 1～4拍：冲8点方向冲出，肩部充分旁移［图2-19e）］。 5～8拍：向4点方向后背向后靠，肩部保持一个水平面［图2-19f）］。 可重复2～4个8拍	a)　b)　c) d)　e)　f) 图 2-19

实训任务

实训内容：根据所给训练动作，配合音乐完成整套腰腹力量训练组合。

实训要求：

（1）配合音乐节奏，在垫子上完成动作。

（2）以组为单位，全员训练展示。

（3）动作标准，尽可能做到自己身体的极限位置。

每组同学配合音乐将腰腹力量训练动作进行展示，达到训练效果。按照表 2-22 的检测内容和标准，对腰腹力量训练效果进行检测。

腰腹力量训练效果测评表　　　　　　　　　　　　　　表 2-22

序号	检测内容	检测标准	自评（5分制）	互评（5分制）
1	仰卧起腿	身体不能离地，双腿伸直，最大限度		
2	举腿卷腹	举腿至90°，腹部用力卷腹，保持2s		
3	背肌训练	极限位置，感觉到背部肌肉用力感，后起腿双腿伸直		
4	站立控腰	腰部用力，保持控制感，极限位置		
5	提沉冲靠	腰部灵活，动作流畅连贯，提沉冲靠用力点正确，其余部位保持放松		
总分				

1. 进行腰腹力量训练时要注意什么？

2. 如何通过腰腹力量训练达到塑身效果？

3. 编排一组适合自己的腰腹力量训练组合动作。

4. 找2～3首适合腰腹力量训练的音乐。

单元四 协调性训练

学习目标

1. 掌握身体协调性训练的要点。
2. 能够帮助身体塑形,提高均衡性,增加形体仪态的优美感。

单元训练

一、肩关节反向运动

协调性训练之肩关节反向运动见表 2-23。

协调性训练之肩关节反向运动　　　　表 2-23

准备姿势	训练内容	图示
双脚站立,与肩同宽,双臂自然下垂位于体侧	训练动作: 1~8 拍:右臂由前向后,左臂由后向前,分别绕环四周 [图 2-20a)]。 1~8 拍:右臂由后向前,左臂由前向后,分别绕环四周 [图 2-20b)]。 1~8 拍:左臂由前向后,右臂由后向前,分别绕环四周 [图 2-20c)]。 1~8 拍:左臂由后向前,右臂由前向后,分别绕环四周 [图 2-20d)、e)]。 相同动作重复 4 个 8 拍	a) b) c) d) e) 图 2-20

二、手脚反向运动

协调性训练之手脚反向运动见表 2-24。

协调性训练之手脚反向运动　　　表 2-24

准备姿势	训练内容	图示
双脚站立，与肩同宽，双臂自然下垂位于体侧	训练动作： 1～4拍：双臂伸直往胸前下压，同时左脚尖绷直上踢，上身保持伸直，重复2次［图2-21a）］。 5～8拍：双臂伸直往胸前下压，同时右脚尖绷直上踢，上身保持伸直，重复2次［图2-21b）］。 1～4拍：双臂伸直往胸前下压，同时左脚尖绷直上踢，上身保持伸直，重复2次［图2-21c）］。 5～8拍：双臂伸直往胸前下压，同时右脚尖绷直上踢，上身保持伸直，重复2次［图2-21d）］。 相同动作重复2个8拍	a) b) c) d) 图 2-21

三、跳跃练习

协调性训练之跳跃练习见表 2-25。

协调性训练之跳跃练习　　　表 2-25

准备姿势	训练内容	图示
双脚并拢，身体站立，双手叉腰	训练动作1：方位跳 1～8拍：脚尖绷直，双手叉腰，向上按向前、向右、向后、向左（顺时针）顺序跳方形2次［图2-22a）、b）］。 1～8拍：同上动作。 1～8拍：脚尖绷直，两手叉腰，向上按向前、向左、向后、向右（逆时针）顺序跳方形2次。 1～8拍：同上动作。 训练动作2：背身跳 1～4拍：跳起后身体向右、向后（顺时针）180°转身落地，重复2次［图2-22c）、d）］。 5～6拍：同上动作。 1～4拍：跳起后身体向左（逆时针）后180°转身落地，重复2次。 5～6拍：同上动作。 相同动作重复2个8拍	a) b) c) d) 图 2-22

四、跳蹲撑地

协调性训练之跳蹲撑地见表 2-26。

协调性训练之跳蹲撑地　　　　　表 2-26

准备姿势	训练内容	图示
双脚并拢，身体站立，双手自然下垂在体侧	训练动作： 1~8 拍：蹲下，双手撑地，双脚向后蹬直，再收回原地，站立（图 2-23）。 1~8 拍：同上动作。 1~8 拍：同上动作。 1~8 拍：同上动作。 相同动作重复 4 个 8 拍	图 2-23

五、全身协调性训练

协调性训练之全身协调性训练见表 2-27。

协调性训练之全身协调性训练　　　　　表 2-27

准备姿势	训练内容	图示
双脚开拢，身体站立，双手自然下垂在体侧	训练动作： 1~2 拍：右脚前右横跨半步，右臂屈肘右下伸至体侧，小弓步。 3~4 拍：反方向动作同上，第 4 拍收脚，身体动作回到原位 [图 2-24a)]。 5~8 拍：出左脚弓步，双臂经体侧平伸上举，双手置于头部上方，重心在前脚，停留 2s；还原 [图 2-24b)]。 1~2 拍：身体向前，出左胯，双臂经体侧平伸上举，双手置于头部上方。 3~4 拍：移动重心至右腿，双臂经体侧屈肘在胸前交叉，左腿伸直，上体保持直立，停留 2s[图 2-24c)]。 5~8 拍：重复 1~2 拍动作，还原。 反方向重复整套动作	a)　　b) c) 图 2-24

实训任务

实训内容：根据所给训练动作，配合音乐完成整套协调性训练组合。

实训要求：

（1）以组为单位，配合音乐节奏，全员训练展示。

（2）动作标准、流畅。

每组同学配合音乐将协调性训练动作进行展示，达到训练效果。协调性训练效果测评表见表2-28。

协调性训练效果测评表　　　　　　　　　　　　　表2-28

序号	检测内容	检测标准	自评（5分制）	互评（5分制）
1	肩关节反向运动	动作协调、顺畅，保持节奏和速度		
2	手脚反向运动	动作协调上身保持伸直，注意避免弓腰弯背		
3	跳跃练习	跳起，方向幅度到位，上身挺直		
4	跳蹲撑地	配合音乐节奏，动作完成顺畅		
5	全身协调性训练	肢体弯曲适度；动作准确，臂腿协调，呼吸均匀		
总分				

 思考练习

1. 简述进行协调性训练时的注意事项。

2. 简述协调性和优美形体仪态之间的关系。

3. 编排一组适合自己的协调性训练组合动作。

4. 找3首适合协调性训练的音乐。

> 知识拓展

热身活动的意义和作用

热身活动 (Warm-up)，又称准备活动，前者因生理反应而得名，后者则属一般性概念。热身活动是某些全身活动的组合，可以起到很好的帮助作用。在锻炼前，人体的机能和工作效率不可能在一开始就达到最高水平，所以在正式身体活动之前，以较轻的活动量先活动肢体，通过热身运动调整身体运动状态，为随后更为剧烈的身体活动作准备，从而提高随后剧烈运动的效率和安全性，同时满足人体在生理上和心理上的需要。

热身活动的作用表现为以下几个方面：

（1）减少运动损伤。运动前热身能使筋腱更灵活，增加关节的活动范围，从而可有效避免关节、韧带及肌肉损伤的情况出现。

（2）提高体温。热身活动能加速身体血液循环，促使运动部位的局部体温升高，在加强肌肉力量同时增加流向肌肉的血液量，使全身提前进入运动状态。

（3）调节心理状态。热身活动能够帮助调节心理状态，使大脑皮层处于兴奋状态，并保证氧气的充足供应，提高神经系统的反应机能。

（4）提高内脏器官的功能水平。人体的内脏器官在人体进行运动时，并不能立即进入活动状态，运动前进行热身活动能让内脏器官提前适应运动状态，避免后期出现不舒服感。

（5）利于身体的反射活动。运动前进行热身运动，和运动动作进行连接，能使人体更快地进入状态，提高运动效果。

模块三 减脂增肌训练

情境导入

放了一个暑假,青青回到学校,大家都快不认识她了。她人瘦了很多,看上去也很精神。同学们都问她是如何做到的。青青告诉大家,她参加了减脂增肌的专业课程,老师通过饮食和训练的调整,帮助她减少脂肪,塑造曲线。这样,青青不仅人瘦了,而且身体状态变得更好了。请问,你们要不要试试?

 **模块知识**

在塑形的过程中，我们常常抱着满腔热情，"发誓"一定要把脂肪减下去，要以最快的速度给自己"装"上马甲线，成为人们眼中的帅哥/靓妹。但事实总是有些事与愿违，即使体重秤数值在下降，但每次照镜子却发现自己的体形还是不尽如人意。要想获得一个好的身材就要从减脂和增肌说起。

一、减脂和增肌的原理

（一）减脂原理

减脂的原理是异化作用，分解代谢和能量的负平衡训练。减脂的操作方法是长时间进行持续的耐力性训练，采用较高的训练频率、中/低训练强度，同时配合对饮食的控制。减脂的生理适应往往是经济性适应，皮质醇水平增加，以影响慢肌纤维为主，抑制肌肉的增长。

（二）增肌原理

增肌的生理学原理是同化作用，合成代谢训练，能量的正平衡。增肌的操作方法是进行高强度抗阻训练，劳逸结合，采用中等的训练频率，同时配合合理饮食，增加蛋白质和糖的摄入。增肌的生理适应往往是压力性适应，睾酮水平增加，促进合成代谢，发展快肌纤维，使人变得更强壮。

二、增肌与减脂的同步及其时间选择

一般来说，绝对的增肌和减脂同步基本上是不存在的。最根本的理由是它们是两套不同的神经适应和生理适应。相对的增肌和减脂是可以同步的：以增肌为主的肌肉增加，脂肪被稀释；或以减脂为主，同时保持一定的力量训练，来保持肌肉的慢速消耗，然后做到脂肪的消耗速度快于肌肉的消耗速度，实现整体比例的改善。

增肌和减脂的选择时间很关键。将简单的有氧运动当作训练前的热身是不错的选择。因为在力量训练前做剧烈有氧运动会消耗人体内很多糖原，省下的能量已不足支撑接下来高强度的器械训练。相关研究表明，力量训练后做有氧运动，能消耗更多脂肪。因为有氧运动前，训练者已经通过力量训练消耗了大量体内以糖原形式储存的能量。同时，它能提高体内生长激素水平，为增长更多肌肉和消耗更多脂肪保驾护航。

将力量训练后有氧运动时间控制在30min内是十分必要的，因为力量训练后的你不能保证长时间有氧运动后体内糖原不被耗尽。30min有氧运动时间刚刚好，你可以随即补充能量，以免丢失肌肉。

三、减脂增肌形体训练的综合治理

减脂增肌形体训练的综合治理系统包括饮食营养系统、锻炼系统、软组织运动雕塑体系。通过减脂增肌形体训练,改善肌肉内生化环境,消除或减轻体内增肥因素,其反弹是各种减肥方法中最少、最慢的。

 模块计划

关于减脂增肌,人们都期待如同魔术一般实现瞬间的变身。很多人在通往成功的道路上没有克服惰性和诱惑,不能坚持训练,饮食不科学,甚至中途放弃或对自己失去信心。实践证明,减脂增肌要有效果,必须每周坚持3次训练,从有氧热身到局部肌肉训练。只有这样,才能使身材健美起来。

一、训练计划

周训练及饮食安排见表3-1。

周训练及饮食安排　　　　　　　表3-1

时间	训练安排	饮食安排
周一	减脂增肌训练	训练日饮食
周二	休息	平时饮食
周三	休息	平时饮食
周四	减脂增肌训练	训练日饮食
周五	休息	平时饮食
周六	减脂增肌训练	训练日饮食
周日	休息	平时饮食

二、训练时间分配

训练时间分配:总时长60min。

(1)准备活动:15min。

活动内容:热身慢跑5min。

①上身活动:头部向前、向后、向左、向右拉伸;弯前臂双肩绕环2个8拍,后绕环2个8拍;直臂双肩前大绕环2个8拍,后大绕环2个8拍;腰部侧倒腰拉伸2个8拍,上身经前画下半圆起身,反方向相同。

②腿部脚踝活动:二位脚蹲起4个8拍;左侧弓步4个8拍,右侧弓步4个8拍;提压左脚跟4个8拍,提压右脚跟4个8拍。

(2)减脂增肌训练活动:35min。

活动内容:
①肩颈、手臂和胸部肌肉与线条训练。
②腰背部肌肉与线条训练。

③臀部的紧致提升训练。
④腿部肌肉与线条训练。

（3）放松活动：10min。

活动内容：

①深呼吸，双手体前画圈4个8拍。

②二位脚站立，双手前推背部后躬控制4拍，双手7位，两侧后展扬头控制4拍，重复4遍。

③右手置于背部上方，左手置于背部下方，双手尽量衔接控制1个8拍，正反动作重复4遍。

④右腿向后弯小腿，单手或双手抓脚尖控制1个8拍，正反动作重复4遍。

三、训练周期

一般情况下，一个月初见成效，身体局部围度会有所变化；3~6个月明显见效，肥胖者需6~12个月方能见效。训练方案循序渐进，开始时体力和能力较弱，通过每周3天的减脂增肌的整体和局部训练，增强身体柔韧性，提升运动能力，达到减掉脂肪、打造苗条身材的目的。

四、减脂饮食建议

（1）每日碳水化合物摄入量50~100g（相当于一碗饭），也可用粗粮代替精米面。

（2）每日摄入蔬菜类、谷物类、豆类、海藻类等食物，这些食物含膳食纤维，使人有饱腹感。

（3）每天摄入优质蛋白质，多吃瘦肉（肉类可过水后食用）。可选择鱼肉、鸡胸肉等，鸡肉去皮。尽量选择脱脂或低脂乳制品。

（4）尽量多食用低脂肪食物，用煮和蒸来代替油炸。

（5）小心油炸食品、饼干、蛋糕食物中的反式脂肪酸。

（6）摄取充足的水分。

五、增肌饮食建议

（1）补充碳水化合物。优先选择营养密度高的碳水化合物食物，如大米、土豆、大麦、燕麦、紫薯、红薯等。

（2）补充蛋白质。训练后应尽早摄入优质蛋白质，如奶类、鸡胸、鸡蛋、鱼、虾、蛋白粉，以提供建造和修复肌肉组织所需的氨基酸。

（3）补充脂肪。脂肪摄入量通常建议为总摄入量的20%~35%。

（4）补充体液。训练后的体液补充主要与水、钠的消耗量有关，建议按照训练后体重损失量的125%~150%补充。

（5）补充微量营养素，如铁、维生素D、钙等。

（6）训练后可随即补充能量，60～90min补充一次正餐。

（7）每一餐的食物按照碳水化合物占50%、脂肪占20%、蛋白质占30%的比例分配。

六、训练日饮食安排

减脂训练食谱见表3-2。

减脂训练食谱 表3-2

早餐（满满能量）	7:30	鸡蛋、1杯牛奶/豆浆、包子/全麦面包、黄瓜
训练（痛快流汗）	9:00	加油训练吧！
加餐（好心情，无限量）	10:00	半个苹果或其他水果
午餐（维持热量）	12:00	粗粮（豆类、玉米等）、一小碗米饭、一些蔬菜和鱼肉
加餐（好心情，无限量）	15:00	黑咖啡、1片全麦面包或1根香蕉
晚餐（健康适量）	18:00	什锦清脂沙拉（三文鱼、生菜、黄瓜、花椰菜/西蓝花、水煮鸡胸肉等），用油醋汁，不要用沙拉酱
就寝（准备休息）	22:00	晚安，好梦！

温馨提示：

（1）减脂（分解代谢训练）：训练日当天，训练前3h和后3h不吃动物性蛋白质。

（2）增肌（合成代谢训练）：训练日当天，训练前30min和训练后10min及时补充碳水化合物和动物性蛋白质。

（3）非训练日，减脂人群的饮食要注意少食多餐，增肌人群的饮食要注意摄入优质蛋白质。

增肌训练食谱见表3-3。

增肌训练食谱 表3-3

早餐（满满能量）	7:30	1个馒头/面包/花卷或一碗米饭/面条（量可稍多），蛋白粉1杯，2个蛋清，1个香蕉或1个苹果
训练（痛快流汗）	9:00	加油训练吧！
加餐（好心情，无限量）	10:00	鸡胸肉或高蛋白粉、碳水化合物和纤维素
午餐（维持热量）	12:00	1大碗米饭/面条/饺子/米粉/土豆，牛肉、鲑鱼，金针菜、海带、蘑菇、菜花、豆芽、柿子椒、菠菜，腰果1把
加餐（好心情，无限量）	15:00	1片面包或1个玉米棒，高蛋白饮料（蛋白奶），橘子/香蕉
晚餐（健康适量）	18:00	米饭/面条/土豆、牛排/海鲜/豆腐，大量新鲜蔬菜
晚加餐	21:00	少量蛋白质（蛋清），猕猴桃/香蕉
就寝（准备休息）	22:00	晚安，好梦！

单元一 肩颈、手臂和胸部肌肉与线条训练

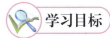

1. 基本掌握肩颈、手臂和胸部的训练方法和动作要领。
2. 能够运用肩颈、手臂和胸部训练动作进行形体训练。

通过肩颈、手臂和胸部的肌肉训练，促进上肢肌肉的发展，减少手臂多余脂肪，塑造胸部肌肉线条。肩颈、手臂和胸部的线条训练能很好地锻炼上肢骨骼的柔韧性，增强肩颈和胸部的控制能力，塑造良好的身体形态。

一、肩部训练

肩部训练见表3-4。

肩部训练　　　　　　表3-4

准备姿势	训练内容	图示
双腿开立，双臂自然垂放体侧	训练动作1： 1~2拍：右肩上提，右肩找右耳，头不动 [图3-1a)]。 3~4拍：右肩下沉，颈部拉伸肩部下沉。 5~6拍：左肩上提，左肩找左耳 [图3-1b)]。 7~8拍：左肩下沉，颈部拉伸肩部下沉	a)　　　b) 图3-1
	训练动作2：双肩提沉 1~2拍：双肩上提（图3-2）。 3~4拍：双肩下沉。 5~8拍：重复1~4拍动作。 1~8拍：重复1~4拍动作2次	图3-2

续上表

准备姿势	训练内容	图示
双腿开立，双臂自然垂放体侧	训练动作3： 1~8拍：屈肘，双手点肩，以肩为轴向前绕环4周[图3-3a)]。 1~8拍：屈肘，双手点肩，以肩为轴向后绕环4周[图3-3b)]	 a)　　　　b) 图3-3

二、颈部训练

颈部训练见表3-5。

颈部训练　　　　表3-5

准备姿势	训练内容	图示
双腿开立，比肩略宽，双手自然垂放两侧	训练动作1： 1~4拍：头部向右平转头[图3-4a)]。 5~8拍：还原。 1~4拍：头部向左平转头[图3-4b)]。 5~8拍：还原	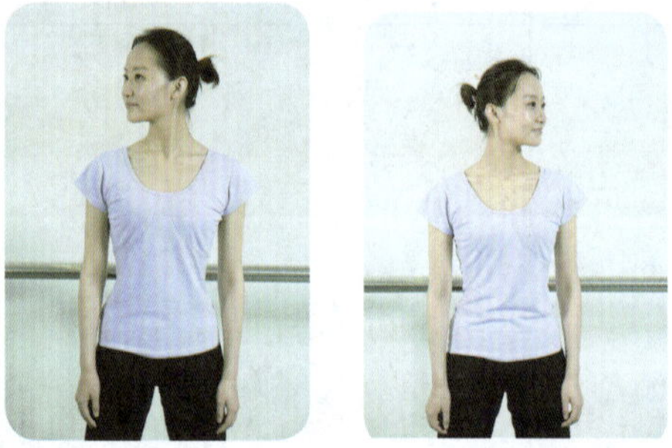 a)　　　　b) 图3-4
	训练动作2： 1~8拍：下巴向前探出，向下找锁骨画圈，还原（图3-5）	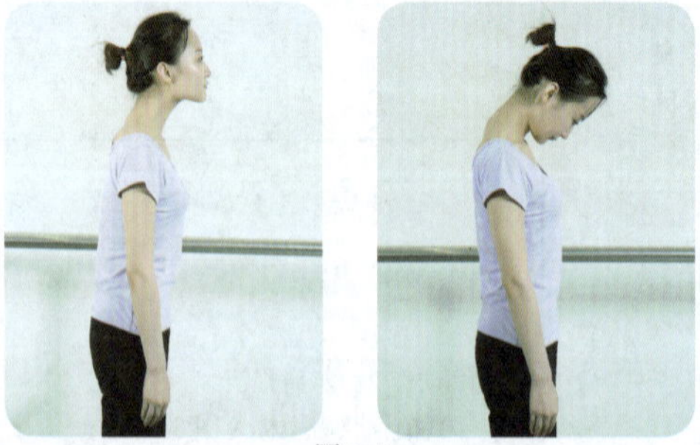 图3-5

三、手臂训练

手臂训练见表3-6。

手臂训练　　　　　　　　　　　　　　　　　　　　　表 3-6

准备姿势	训练内容	图示
双腿开腿直立，双手各握一个哑铃垂直于身体两侧至手臂长度	训练动作 1： 1～2 拍：吸气，向前上方弯举右手哑铃，做哑铃弯举动作时适当旋转腕部，使拇指下移，小指上移（图 3-6）。 3～4 拍：呼气，右手缓慢放下，左手弯举。左、右手交替完成。 4 个 8 拍为一组	图 3-6
	训练动作 2： 1～8 拍：双手握住哑铃至腰间，肘关节夹紧 [图 3-7a)]。 1～4 拍：双臂向后伸直 [图 3-7b)]。 4 个 8 拍为一组（双臂后侧有酸痛感）	a)　　b) 图 3-7
双腿开腿直立，双手各握一个哑铃垂直于身体两侧至手臂长度	训练动作 3： 右臂向前伸直，手心向上，左手压住右手手指，前臂肌肉拉伸。换手，动作与右侧相同（图 3-8）	图 3-8
	训练 4：手臂伸展 双腿丌立，背部挺直。 1～4 拍：右臂伸直到耳旁 [图 3-9a)]。 5～8 拍：右臂弯曲，置于头部后侧 [图 3-9b)]。 1～4 拍：左臂从下方置于身体后侧。 5～8 拍：左手拉紧右手拉伸。 1～8 拍：双手打开 7 位还原。 反方向做 2 个 8 拍，动作与右侧相同	a)　　b) 图 3-9

四、胸部训练

胸部训练见表 3-7。

胸部训练 表3-7

准备姿势	训练内容	图示
双腿并拢，双手背后搭手	训练动作1： 双腿放松弯曲，肩部下沉含胸；双腿站直，挺胸双肩外展（图3-10）	图3-10
平卧在垫子上，双手持哑铃平行于肩，将哑铃置于两肩外侧接近于乳头的平行线上。背部和臀部触及地面，使躯干呈"桥形"	训练动作2：仰卧推举 持哑铃双手上方推举，哑铃慢慢下落。重复动作至推荐次数（图3-11）	图3-11
双手持哑铃，身体直立。双手垂于两侧自然下垂，掌心相对[图3-12a)]	训练动作3：站立侧平举 1~2拍：保持手臂伸直，肘部微屈，将哑铃向身体两侧平举，同时呼气；在上举的过程中略微旋转手腕，直至手臂与地面平行[图3-12b)]。 3~4拍：在平行位稍微停留，肩部有收缩感，然后慢慢将哑铃放回起始位置。 重复动作15~25次	a) b) 图3-12
平卧在垫子上，双手持哑铃，手臂打开[图3-13a)]	训练动作4：仰卧飞鸟 1~2拍：双手手心朝上，微微自然弯曲，上抬至胸部上方[图3-13b)]。 3~4拍：双手慢慢还原。 主要锻炼胸大肌外侧和胸肌中缝	a) b) 图3-13

 实训任务

实训内容1：拉伸肩部柔韧性。

实训要求：

（1）2人一组，1人双腿打开2位，双手搭把杆，1人双手搭手放在对方背部，轻颤帮助对方压肩。

（2）要求动作轻缓，被压一方上身主动振动。

（3）1拍一次，做4个8拍，换人。

实训内容2：每组同学配合音乐进行局部肌肉训练，达到训练效果。局部肌肉训练效果测评表见表3-8。

局部肌肉训练效果测评表　　　　表 3-8

序号	检测内容	检测标准	自评（5分制）	互评（5分制）
1	肩部训练	动作标准，节奏准确，不端肩		
2	颈部训练	动作标准，节奏准确，颈部拉长		
3	手臂训练	动作标准，节奏准确，手臂有拉伸感		
4	胸部训练	动作标准，节奏合拍，展肩，不含胸		
总分				

1. 怎样能让颈部显得修长？

2. 如何才能让身形显得更加挺拔？

3. 设计一个能减少上臂后侧脂肪的动作，并每天完成一组。

4. 试试用一款辅助工具或器械进行胸部肌肉训练。

单元二　腹部、腰背部肌肉与线条训练

 **学习目标**

1. 了解腹部、腰背部的肌肉与线条训练可能达到的效果。
2. 掌握腹部、腰背部的肌肉与线条训练的方法。
3. 能够通过训练动作增强腹背力量。

 **单元训练**

腹部、腰背部肌肉力量和柔韧性的强弱直接影响到上身姿态与脊柱的直立,加强腹部、腰背部肌肉与线条训练可以使肌肉紧实而有弹性,身姿更挺拔健美。

一、腹部训练

腹部训练见表3-9。

腹部训练　　　　　　　　　　　　表3-9

准备姿势	训练内容	图示
仰卧屈膝,双腿并拢,双手扶头,双肘展开[图3-14a)]	训练动作1：上腹部训练动作 上身抬起45°～60°,腹肌收缩,双肘始终保持外展与头保持一条直线,腰部始终不离开地面[图3-14b)]。 20次/组,做2组	a)　　　b) 图3-14
仰卧,双腿伸直并拢,双手扶头	训练动作2：下腹部训练动作（二维码视频5） 屈膝,小腿抬起与地面平行,大小腿夹角90°[图3-15a)],左腿蹬出伸直,右腿不动,双腿交替,成踩自行车状。下腹部收缩,腿部不落地[图3-15b)]。 30～50次/组,做2组 二维码视频5	a)　　　b) 图3-15
仰卧,双手扶头。双腿弯曲上抬,大小腿夹角为90°,大腿垂直于地面[图3-16a)]	训练动作3： 腿部保持不动,上身起45°一次,还原,再连续起上身两次,还原。双臂展开,颈部不用力[图3-16b)]	a)　　　b) 图3-16
俯卧,双手支撑在地面上,上身抬起[图3-17a)]	训练动作4：腹部拉伸 上身慢慢抬起,头部吐气后仰拉伸腹部[图3-17b)]	a)　　　b) 图3-17

二、腰背部训练

腰背部训练见表3-10。

腰背部训练　　　　　　　　　　　　　　　　　　　　　　　　表3-10

准备姿势	训练内容	图示
两人一组，一人俯卧于地面，双手扶头或放于腰背部，双腿伸直；另一人跪坐，双手压住前方人双脚[图3-18a)]	训练动作1： 上身尽量向上抬起；慢慢还原到俯卧[图3-18b)]。 20～30次/组。交换训练者	图3-18
侧卧，身体保持一条直线，下侧手伸直，手心朝下扶地[图3-19a)]	训练动作2： 起侧腰，上侧手找小腿外侧，还原。反方向动作相同[图3-19b)]。 一个方向做20次/组，反方向动作相同	图3-19
双手跪撑成板凳状	训练动作3： 背部向上弓起收腹，同时骨盆向前倾保持2个8拍[图3-20a)]。 背部向下压，塌腰提臀，抬头，头部与脊柱保持在一条线上[图3-20b)]	图3-20
站立双腿打开	训练动作4： 双手带领身体向前下腰，双手尽力向下找地面[图3-21a)]。 双膝伸直，身体尽量找腿部[图3-21b)]	图3-21

 实训任务

实训内容1：根据所给训练动作特点，设计1种腹部训练动作和1种腰背部训练动作。

实训要求：

（1）以组为单位完成活动任务，推选讲解员和展示员进行讲解和展示。

（2）动作设计合理，达到腹部和腰背部训练目的。

实训内容2：每组同学配合音乐完成腹部训练动作和腰背部训练动作，达到训练效果。

腹部和腰背部训练效果测评表见表3-11。

腹部和腰背部训练效果测评表　　　　　　　　　表 3-11

序号	检测内容	检测标准	自评（5分制）	互评（5分制）
1	腹部训练	训练时腰部不离开地面，完成相应训练组数		
2	腰背部训练	背肌上身起高，训练位置准确		
总分				

思考练习

1. 腰部训练时训练位置有酸痛感吗？

2. 训练腰部侧面的训练动作有哪些？

3. 每天坚持做 2 组腹肌和背肌动作。

4. 饭后保持收腹立腰站立 15min。

单元三　臀部紧致提升与胯部柔韧性训练

学习目标

1. 了解自身臀部状况。
2. 掌握臀部训练动作要领。
3. 能够通过训练动作塑造臀部轮廓。

单元训练

臀部紧致提升训练可以减少臀部脂肪的堆积，使臀部肌肉紧实富有弹性，臀围线上提。胯部柔韧性训练可以提高胯部的灵活性，使动作更舒展和优美。

一、臀部紧致提升训练

臀部紧致提升训练见表 3-12。

臀部紧致提升训练　　表 3-12

准备姿势	训练内容	图示
跪撑，身体呈板凳状，目视前方。右腿伸直，脚掌点地 [图 3-22a)]	训练动作 1（二维码视频 6）：弯腿找臀部一次，直腿上抬一次，抬起高度尽量超过臀部 [图 3-22b)] 15~20 次/组，反方向动作相同，组数相同	图 3-22 a) b)
俯卧，肘关节支撑，目视前方，双腿并拢 [图 3-23a)]	训练动作 2：直腿右脚勾脚尖，直腿勾脚尖上抬腿连续 3 次一停，上抬高度超过臀围线 [图 3-23b)]。 15~20 次/组，反方向动作相同，组数相同	图 3-23 a) b)

二、胯部柔韧性训练

胯部柔韧性训练见表 3-13。

胯部柔韧性训练　　　　　　　　　　　　　　　　表 3-13

准备姿势	训练内容	图示
坐立，双腿弯曲，脚心相对 [图 3-24a)]	训练动作 1： 1 — 8 拍：双手扶膝下压，重复 4 个 8 拍 [图 3-24b)]。双手带动上身向前推出至最远，保持姿势 4 个 8 拍	图 3-24　a)　b)
坐立，上身挺直，双腿伸直打到最开位置，双腿不内扣 [图 3-25a)]	训练动作 2： 双手带动上身向前推出至最远，还原，向前振动 4 个 8 拍 [图 3-25b)]。 髋关节保持不动，上身向右侧找右脚 2 个 8 拍，还原，另一侧做 2 个 8 拍 [图 3-25c)、d)]	图 3-25　a)　b)　c)　d)

实训任务

实训内容：小组完成对臀部和胯部的训练。

活动要求：两人一组，双腿打开相对而坐，一个小组叠加在一起，尽量向里贴靠，哪组距离越短，哪组获胜。

每组同学配合音乐完成臀部紧致提升与胯部柔韧性训练动作，达到训练效果。臀部紧致提升与胯部柔韧性训练效果测评表见表 3-14。

臀部紧致提升与胯部柔韧性训练效果测评表　　　　　表 3-14

序号	检测内容	检测标准	自评（5 分制）	互评（5 分制）
1	臀部紧致提升训练	准备姿势标准，动作不变形，达到训练组数		
2	胯部柔韧性训练	动作标准，柔韧性有所提升		
总分				

1. 臀部训练后什么位置会有酸痛感？

2. 胯部柔韧性好有哪些益处？

3. 还有哪些动作可以训练到臀部？请练习这些动作。

4. 如何进行胯部柔韧性训练？请练习胯部柔韧性。

单元四 腿部肌肉与线条训练

学习目标

1. 了解自身腿部脂肪和肌肉构成。
2. 掌握腿部训练要领和放松动作。

单元训练

腿部肌肉训练分为大腿前侧训练、大腿后侧训练、大腿内侧训练、大腿外侧训练、小腿训练。腿部肌肉训练可以减少腿部多余脂肪的堆积，使腿部肌肉紧实，腿部围度适中。腿部线条训练，可以增强腿部的灵活性，拉伸韧带能拉长腿部线条，使肌肉得到充分的放松，腿部形态更优美，行走时步伐更轻盈矫健。

一、大腿前侧训练

大腿前侧训练见表3-15。

大腿前侧训练　　　　　　表3-15

准备姿势	训练内容	图示
双手叉腰，双腿并拢，上身挺直，保持平稳[图3-26a)]	训练动作1（二维码视频7）： 右腿直腿抬腿1次，左腿吸腿抬腿2次[图3-26b)]。15次/组，反方向动作相同，组数相同 二维码视频7	图3-26 a) b)
	训练动作2（二维码视频8）： 右腿撤步弓步弯腿，膝盖不落地，还原并腿[图3-27a)]。 右腿旁吸腿2次/组[图3-27b)]。 10～15次/组，反方向动作相同，组数相同 二维码视频8	图3-27 a) b)

二、大腿后侧训练

大腿后侧训练见表3-16。

大腿后侧训练

表3-16 大腿后侧训练

准备姿势	训练内容	图示
跪撑在垫上，手臂和腿部垂直于地面，呈板凳状[图3-28a)]	训练动作1： 抬起右腿与臀部平行，屈小腿而大腿不动，尽可能使脚跟踢到臀部[图3-28b)]。 25次/组，反方向动作相同，组数相同	图3-28 a) b)
侧卧，肘关节支撑，身体保持一条直线[图3-29a)]	训练动作2： 屈腿向后找臀部1次，连续找臀部2次[图3-29b)]。 15～20次/组，反方向动作相同，组数相同	图3-29 a) b)

三、大腿内侧训练

大腿内侧训练见表3-17。

表3-17 大腿内侧训练

准备姿势	训练内容	图示
侧卧，立腰，身体保持一条直线[图3-30a)]	训练动作1（二维码视频9）： 屈右腿于左腿前侧点地，左腿直腿连续上抬3次[图3-30b)]。 15～20次/组，反方向动作相同，组数相同 二维码视频9	图3-30 a) b)
坐卧，双手肘关节后支撑，双腿吸腿，脚尖点地	训练动作2： 双腿伸直打开，双腿伸直到最开位置，原路线还原（图3-31）	图3-31

四、大腿外侧训练

大腿外侧训练见表3-18。

表3-18 大腿外侧训练

准备姿势	训练内容	图示
侧躺在垫上，右手体前支撑，右腿吸腿，脚尖点在膝关节旁	训练动作1： 屈腿上抬一次，直腿上抬一次（图3-32）。 15～20次/组，反方向动作相同，组数相同	图3-32
站姿，双手叉腰，身体正直	训练动作2： 旁抬腿45°～60°，外点地再抬腿，还原（图3-33）。 15次/组，反方向动作相同，组数相同	图3-33

五、小腿训练

小腿训练见表3-19。

小腿训练　　　　　　　　　　　表3-19

准备姿势	训练内容	图示
双腿并拢，双手叉腰	训练动作1： 立半脚尖，还原，连续立半脚尖两下为一次（图3-34）。 15次/组。反方向动作相同，组数相同	图3-34
双腿开立与胯同宽，双手叉腰，身体直立	训练动作2： 立半脚尖，落地还原，双脚脚跟往里并拢同时立半脚尖，落地还原[图3-35a)]。 脚跟并拢开立，脚掌固定不动[图3-35b)]	a) 图3-35 b)
双腿并拢，双手叉腰[图3-36a)]	拉伸放松： 右脚向后撤步弓步，右脚脚趾间正对前方，腿部后侧有拉伸感[图3-36b)]。 反方向动作相同	a) 图3-36 b)

实训任务

实训内容：两人一组完成腿部柔韧性训练。

实训要求：训练者双腿并拢坐立于地面，上身向前，双手往远找脚尖。辅助训练者双手扶于训练者背部，向前下方施压。4个8拍后停4个8拍。

每组同学配合音乐将腿部肌肉训练动作进行展示，达到训练效果。腿部肌肉与线条训练效果测评表见表3-20。

腿部肌肉与线条训练效果测评表　　　　　　　　表3-20

序号	检测内容	检测标准	自评（5分制）	互评（5分制）
1	大腿前侧训练	动作规范，动作不变形，训练位置有酸胀感，完成相应组数		
2	大腿后侧训练	动作规范，动作不变形，训练位置有酸胀感，完成相应组数		
3	大腿内侧训练	动作规范，动作不变形，训练位置有酸胀感，完成相应组数		
4	大腿外侧训练	动作规范，动作不变形，训练位置有酸胀感，完成相应组数		
5	小腿训练	动作规范，动作不变形，训练位置有酸胀感，完成相应组数		
总分				

思考练习

1. 肌肉训练时训练位置有酸胀感吗？

2. 简述肌肉拉伤和肌肉酸痛的区别。

3. 运用所学腿部训练知识，分别设计腿部前侧、腿部后侧、腿部内侧、腿部外侧训练动作各一组。

4. 将设计动作交给本组成员完成，并进行展示。

> 知识拓展

减脂增肌进入平台期的策略

一、动作规范

规范的动作是取得塑形效果的基本要素之一；不规范的动作即使消耗再多的体力也不会深层次地刺激目标肌肉，自然肌肉增长的效果也不会好，还有练出畸形肌肉的危险。例如，做腿部外侧训练时，动作不规范会导致臀部承受力量过大，而腿部外侧没有得到深度刺激。

二、变换动作速度

变换动作速度是刺激肌肉训练的一种方法。一般训练动作的速度是快速收缩，缓慢还原。动作速度与运动距离的长短有关。运动距离相对较长的练习，如深蹲，蹲起2～3s，下蹲3～6s（或更长），目的是控制阻力缓慢还原，保持持续紧张状态，增加动作的难度和强度，使肌肉的刺激加强。

三、增加负重

增加负重可以直接有效地刺激肌肉，长期采用固定的负重方式会使肌肉出现适应性。一般情况下，每两周尝试增加2kg的重量，具体要因人而异，循序渐进地、有计划地增加负重来刺激肌肉，以基本动作为主，要调动更多的肌群参与运动。

四、小重量、多次数与大重量、少次数相结合的方法

小重量、多次数的锻炼有利于增加毛细血管密度，而毛细血管起着向肌肉输送营养物质和氧气的作用；大重量、少次数的锻炼对腿部训练效果更佳，有利于提高肌肉力量，增大肌肉体积。

五、优化训练顺序

将身体薄弱部位安排在每次训练的前面，这时体力充沛，身体耐受力强，可以获得更好的训练效果；也可以将身体薄弱环节每周单独安排2次进行强化训练，间隔72h以给予充分的恢复时间，效果会更好。

六、营养补充要合理

训练后进行营养补充的目的是补充能量、修复损伤的肌纤维、促进肌肉增长。训练后30min是肌肉营养需求的高峰期，应及时摄入少量缓释碳水化合物（如粗粮馒头、全麦面包等）和少量蛋白质。这能让你在有氧训练时保持体能充足，而不至于从身体肌肉中消耗能量。碳水化合物和蛋白质的比例为2∶1，两者一起补充有助于将氨基酸输送到肌肉中去，促进肌体恢复，有利肌肉生长。水果、全麦面包和运动饮料都是不错的选择。

七、保证休息

必须保证休息充足，让肌体得到恢复，肌肉才能快速增长。一切有利于身心健康的身体活动均属于休息（包括睡眠）。此外，训练1～2个月后应休息1周，使身心得到放松，以更饱满旺盛的精力投入新的训练。健身运动的三要素即科学锻炼、合理饮食和充分休息。这三个要素相辅相成，缺一不可。

模块四 芭蕾形体训练

刚刚考入航空院校的小王对芭蕾舞课充满了期待，想象自己将要成为优雅的小天鹅；然而，训练最开始以基本功为主，身体柔韧性较差的小王一度坚持不下去，强大的落差感使小王很沮丧。吴老师看出她的苦恼，在训练上给了她很多好的建议，使小王快乐学习，逐渐提高了身体的柔韧性。

图4-1为芭蕾课上课的同学。

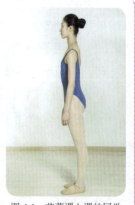

图4-1 芭蕾课上课的同学

 模块知识

芭蕾舞,起源于意大利,形成于法国,后流行于世界各地。芭蕾舞是一门提升个人气质和修养的艺术。芭蕾形体训练将人体的姿态、肌肉线条的美发挥到极致,其独特的艺术魅力使之发展迅速,历经多次变革,流传极广,现已成为世界普及程度极高的一种艺术形式。芭蕾形体训练有四大基本要素,分别是开、绷、直、立,通过芭蕾形体训练可以改变人体自然的松懈状态,获得正确的直立感,并有效改善人体的肌肉线条、体态等,从而提升人体的气质。

一、芭蕾形体训练的原则

随着时代的发展和进步,体育美育教学已成为全国各类高校的重点发展学科。对于交通运输大类专业学生来说,形体训练尤为重要。芭蕾形体训练具有较强的系统性和科学性,能够塑造优美形体、培养审美意识、训练良好的身体姿态,是社交手段之一。通过训练,学生在不断自我完善的过程中,培养终身职业意识。芭蕾形体训练需遵循以下原则。

(一)科学性原则

芭蕾形体训练具有一定的科学性,主要体现在由浅至深、循序渐进的规范系统的教学步骤中。从对外开性、稳定性的教学到对控制、跳、转等技巧的传授,芭蕾形体训练对人体的塑造具有科学性和合理性。

(二)规范性原则

芭蕾形体训练根据"开、绷、直、立"的要求,严格规范每个动作,符合艺术审美的标准和规格。芭蕾形体训练是一个漫长、艰苦的过程,其动作技术含量高、难度大,需表演者准确无误完成才能表达动作含义。因此,芭蕾形体训练具有一套规范的训练体系,人们可以通过芭蕾形体训练,增加肌肉力量,提升自身气质。

(三)风格性原则

芭蕾形体训练有着独特的艺术风格,以宫廷式贵族气质为主,呈现出典雅、自信的人文精神,形体姿态舒展、优雅,腿部动作轻巧、灵动,极具表现力和观赏性,给人们带来美轮美奂的视觉冲击。

二、芭蕾形体训练的内容

芭蕾形体训练为多种类型舞蹈的学习奠定了基础。芭蕾形体训练在世界各地极具影响力,其主要内容分为地面训练、把上训练、把下训练和舞姿训练。

(一)地面训练

地面训练是芭蕾形体训练的有机组成部分,是针对初学者而进行的,是对学生的身体柔韧性、控制能力、高难度动作的掌握等方面进行基础而系统的训练。地面训练动作虽然较为简单,但要求严格,须做到最大幅度。地面训练的主要目的是提高人体末梢神经的控制能力,增强人体的灵活性及协调能力。地面训练的主要内容分为勾绷脚训练、地面压腿训练、胯部训练、地面踢腿训练4个部分。地面训练应注意不同个体柔韧性及能力的差异,遵循由简到繁、循序渐进的原则。

(二)把上训练

把上训练是芭蕾形体训练的基础部分,是能力拓展的基石。其主要目的是在训练者肌肉能力薄弱、重心不稳的情况下,提高其肌肉控制能力及重心转换能力,为舞姿训练和塑造良好的体态打下基础。注意:把上训练的每个动作都要做到极致,并时刻保持芭蕾基本的直立感。

(三)把下训练

把下训练是芭蕾形体训练的核心部分。其主要目的是提高训练者的弹跳能力、旋转能力和肌肉爆发力。把下训练以跳为主,每次起跳

先经过蹲的下压而腾空，在完成空中的舞姿形态后，又经过蹲接着做下一个动作，这样充分发挥了膝盖的弹性和肌肉的爆发力，为学习难度更大的技术技巧打下良好的基础。把下训练需注意动作的规范性及动作潜在的危险性，避免因不规范的练习而受伤。

（四）舞姿训练

芭蕾舞姿是一种人体语言艺术，通过动作传递表演者的情感，具有较强的观赏性，给人一种干净、轻快、和谐的感觉。舞姿训练是芭蕾形体训练的升华部分，通过具有雕塑感的舞姿，训练人体的姿态，从而提升气质、增强审美。舞姿训练的主要内容分为把下三拍舞步和把下行礼两个部分。舞姿训练要注意肢体的伸展、表现力和节奏的把控等方面。

模块计划

一、训练计划

芭蕾形体训练及饮食安排见表 4-1。

芭蕾形体训练及饮食安排　　表 4-1

时间	训练安排	饮食安排
周一	休息	平时饮食
周二	60min 芭蕾基础训练	训练日饮食
周三	休息	平时饮食
周四	60min 芭蕾基础训练	训练日饮食
周五	休息	平时饮食
周六	60min 芭蕾基础训练和舞姿训练	训练日饮食
周日	休息	平时饮食

二、训练时间分配

训练时间分配：总时长 60min。

（一）芭蕾基础训练

热身运动：10min。

地面训练：10min。

把上训练：20min。

把下训练：15min。

放松：5min。

（二）芭蕾基础训练和舞姿训练

热身运动：5min。
地面训练：10min。
把上训练：10min。
把下训练：15min。
舞姿训练：15min。
放松：5min。

三、训练周期

合理安排训练时间，训练间隔时间不宜过长，一周至少训练 3 次。

四、饮食建议

（1）训练日饮食：训练前后 1h 内不能就餐，前后 0.5h 内不能饮水。
（2）非训练日：少食多餐。
（3）形体训练饮食建议见表 4-2。

形体训练饮食建议   表 4-2

早餐（满满能量）	7:00	1 个鸡蛋白、1 碗小米粥或脱脂牛奶、2～4 片面包和 3 粒核桃仁
训练（痛快流汗）	9:00	加油训练吧！
加餐（好心情，无限量）	10:30	1 个苹果或西红柿
午餐（维持热量）	12:00	1 小碗米饭、牛肉或鸡肉、芹菜或西红柿
加餐（好心情，无限量）	15:00	水果、坚果、奶制品
晚餐（健康适量）	18:00	1 小碗米饭或面条、清蒸鱼肉、水煮蔬菜
就寝（准备休息）	22:00	晚安，好梦！

温馨提示：

（1）训练过程中多补充蛋白质。
（2）晚上 7:00 以后不能进食。
（3）每周进行 1 次体重和身体各部位围度的测量，并记录数据。

单元一 地面训练

学习目标

1. 掌握地面训练的动作要领。
2. 增强身体灵活性和柔韧性。

单元训练

一、勾绷脚训练

勾绷脚训练（音乐：2/4 拍，共 32 小节）见表 4-3。

勾绷脚训练（音乐：2/4 拍，共 32 小节） 表 4-3

准备姿势	训练内容	图示
双腿伸直并拢坐于地面，绷脚背，双手放于身体两侧，上身直立	训练动作： 1～4 拍：双脚脚趾上勾，简称半勾 [图 4-2a)]。 5～8 拍：双脚脚掌上勾至脚掌朝前，简称全勾。 1～4 拍：双脚回到半勾状态。 5～8 拍：双脚绷脚背 [图 4-2b)]。 1～4 拍：双脚脚背 2 拍半勾，2 拍全勾。 5～8 拍：双脚脚背 2 拍半勾，2 拍绷脚。 1～8 拍：同前 4 小节动作。 1～4 拍：在绷脚基础上，双腿外旋转开，脚背呈"八"字状。 5～8 拍：双脚在脚背呈"八"字的基础上全勾。 1～4 拍：双脚并拢。 5～8 拍：双脚绷脚背。 1～4 拍：双脚脚背全勾。 5～8 拍：双腿外旋转开，脚背呈"八"字状全勾。 1～4 拍：在"八"字的基础上双脚绷脚背。 5～8 拍：双脚并拢	a) b) 图 4-2

二维码视频 10

二、地面压腿训练

地面压腿（二维码视频 10）训练（音乐：4/4 拍，共 32 小节）见表 4-4。

地面压腿训练（音乐：4/4 拍，共 32 小节）　　　　　　　　　　　　　　　　　　　表 4-4

准备姿势	训练内容	图示
左腿向前伸直，右腿屈膝放于身体右后侧，坐于地面，双手悬放于身体两侧 [图 4-3a]	训练动作： 1～4 拍：身体立直向下压，右腰尽量紧贴左大腿 [图 4-3b]。 5～8 拍：还原，过程中身体直立，不能出现弯腰、驼背等体态。 重复 4 个 8 拍。 1～8 拍：身体立直向下压，保持不动。 1～8 拍：还原至准备动作。 1～8 拍：右腿伸直，紧贴地面画圈至双腿并拢。 1～8 拍：左腿伸直画圈至左后侧，到位后屈膝。 1～4 拍：身体立直向下压，左腰尽量紧贴右大腿。 5～8 拍：还原至准备动作。 重复 4 个 8 拍。 1～8 拍：身体立直向下压，保持不动。 1～8 拍：还原至准备动作。 1～8 拍：左腿伸直，紧贴地面画圈至双腿并拢	a) b) 图 4-3

三、胯部训练

胯部训练（音乐：4/4 拍，共 16 小节）见表 4-5。

胯部训练（音乐：4/4 拍，共 16 小节）　　　　　　　　　　　　　　　　　　　表 4-5

准备姿势	训练内容	图示
双腿伸直并拢，平躺于地面，双脚绷脚背，双手放于身体两侧	训练动作： 1～8 拍：双腿直线抬起，与身体成 90° 直角 [图 4-4a]。 1～2 拍：双腿迅速分开，尽量成一条直线 [图 4-4b]。 3～4 拍：双腿合拢，大腿内侧肌肉夹紧。 5～8 拍：同前一小节动作。 1～8 拍：同前两节动作。 1～8 拍：同上动作。 1～8 拍：同上动作。 1～8 拍：同上动作。 1～8 拍：同上动作。 1～8 拍：还原至准备姿态	a) b) 图 4-4

四、地面踢腿训练

地面踢腿训练（音乐：4/4拍，共16小节）见表4-6。

地面踢腿训练（音乐：4/4拍，共16小节）　　　　表4-6

准备姿势	训练内容	图示
双腿伸直并拢，平躺于地面，双脚绷脚背，双手放于身体两侧[图4-5a)]	训练动作： 1~4拍：第1拍右腿迅速向上踢，手背朝鼻尖方向，第2~4拍慢慢回到原位[图4-5b)]。 5~8拍：同上动作。 1~8拍：同前两小节动作。 1~8拍：同上动作。 1~8拍：速度加快一倍，一拍踢，一拍回，共4次。 1~8拍：第1拍右腿迅速向上踢，第2~4拍慢慢回到原位，第5~8拍重复一遍。 1~8拍：同上动作。 1~8拍：同上动作。 1~8拍：速度加快一倍，一拍踢，一拍回，共4次	a) b) 图4-5

实训任务

实训内容：根据所给的训练动作，配合音乐完成组合。

实训要求：

（1）分为两组，交替展示并互相点评。

（2）将开、绷、直、立灵活应用在动作之中。

（3）配合音乐节奏调整呼吸。

每组同学配合音乐将地面训练动作进行展示，达到训练效果。地面训练效果测评表见表4-7。

地面训练效果测评表　　　　表4-7

序号	检测内容	检测标准	自评（5分制）	互评（5分制）
1	勾绷脚训练	末梢神经的控制能力		
2	地面压腿训练	腿部有拉伸感		
3	胯部训练	胯部外开，肌肉有控制力		
4	地面踢腿训练	腿部肌肉控制能力和爆发力增强		
总分				

1. 进行地面训练时身体应该全部放松吗?

2. 压腿时,上身延伸下压至贴住大腿。

单元二 把上训练

1. 基本掌握把上训练动作。
2. 调整体态,获得正确的直立感,改善肌肉线条。

一、手形、手位与脚位

(一)手形

图 4-6 芭蕾手形

芭蕾手形(图 4-6)为中指、无名指、小指自然靠拢,食指朝手背方向延伸,拇指略微向中指靠拢。

(二)芭蕾手位

芭蕾常用手位(图 4-7)共有 7 个,手位要求圆润、自然、有延伸感。

1 位

2 位

3 位

4 位

5 位

6 位

7 位

图 4-7 芭蕾手位

(三)芭蕾脚位

芭蕾常用脚位(图 4-8)共有 5 个,脚位要求膝盖后压伸直,大腿内侧肌肉夹紧。

1 位

2 位

3 位

4 位

5 位

图 4-8 芭蕾脚位

二、双手扶把擦地训练

双手扶把擦地训练(音乐:2/4 拍,共 64 小节)见表 4-8。

双手扶把擦地训练(音乐:2/4拍,共64小节)　　　　　　　表4-8

准备姿势	训练内容	图示
1位脚位站立,收腹,沉肩,上身直立,双手轻轻搭放于把杆上	训练动作: 1~4拍:主力腿固定重心后,动力腿脚跟带动,向正前方擦出至脚尖着地[图4-9a)]。 5~8拍:动力腿脚尖带动,原路线擦回1位。 1~8拍:在第一小节动作的基础上,节奏加快一倍,2拍向前擦出,2拍擦回,做2遍。 1~4拍:主力腿固定重心后,动力腿脚尖带动,向正后方擦出至脚尖着地。 5~8拍:动力腿脚跟带动,原路线擦回2位。 1~8拍:在前一小节动作的基础上,节奏加快一倍,2拍向后擦出,2拍擦回,做2遍。 1~4拍:动力腿向旁沿地面擦出至半脚掌着地[图4-9b)]。 5~8拍:动力腿在半脚掌着地的基础上,继续向旁擦出至脚尖着地,动力腿尽量向旁延伸。 1~4拍:动力腿向主力腿脚跟方向擦回,停至半脚掌。 5~8拍:动力腿向主力腿脚跟方向继续擦地,收回1位[图4-9c)]。 1~8拍:2拍向旁擦出,2拍收回,做2遍。 1~8拍:同前动作。 大反复:转换动力腿和主力腿,反面从头至尾再做1遍	a) b) c) 图4-9

三、单手扶把蹲训练

单手扶把蹲(二维码视频11)训练(音乐:3/4拍,共24小节)见表4-9。

二维码视频11

单手扶把蹲训练（音乐：3/4拍，共24小节）　　　　　　表4-9

准备姿势	训练内容	图示
1位脚位站立，收腹、沉肩，上身直立，右手轻轻搭放于把杆上，左手1位手位，准备拍最后两拍打开至7位手位	训练动作： 1~3拍：1位脚位半蹲，上身保持直立，在膝关节朝旁的基础上双腿逐渐弯曲，停至脚跟不离地的最大限度（图4-10）。 4~6拍：双腿伸直，回到准备姿态。 1~6拍：同前一小节动作。 1~6拍：1位脚位全蹲，在半蹲的基础上继续下蹲，至前脚掌着地。 1~6拍：双腿伸直，最后一小节将动力腿向前擦地至4位脚位。 1~6拍：4位脚位半蹲，同1位脚位半蹲动作。 1~6拍：同上动作。 1~6拍：4位脚位全蹲，同1位脚位全半蹲动作。 1~6拍：双腿伸直，最后一小节将动力腿收回至5位脚位。 1~6拍：5位脚位半蹲，同1位脚位半蹲动作。 1~6拍：同上动作。 1~6拍：5位脚位全蹲，同1位脚位全半蹲动作。 1~6拍：双腿伸直，结束拍收回至1位手位和1位脚位。 反方向动作相同	图4-10

四、单手扶把小踢腿训练

单手扶把小踢腿训练（音乐：2/4拍，共24小节）见表4-10。

单手扶把小踢腿训练（音乐：2/4拍，共24小节）　　　　　　表4-10

准备姿势	训练内容	图示
左脚在前，5位脚位站立，收腹、沉肩，上身直立，左手7位手位，右手轻轻搭放于把杆上	训练动作： 1~2拍：右腿经过前擦地上踢，停至脚尖离地面25°位置（图4-11）。 3~4拍：右腿脚尖点地，擦回5位脚位。 5~8拍：同前两小节动作。 1~2拍：右腿经过前擦地上踢，停至脚尖离地面25°位置。 3~4拍：第3拍脚尖点地后迅速抬起，第4拍保持不动。 5~8拍：右腿脚尖点地，擦回5位脚位。 1~8拍：在第1~4小节动作的基础上，改为向旁小踢腿。 1~8拍：在第5~8小节动作的基础上，改为向旁小踢腿加点地。 1~8拍：在第1~4小节动作的基础上，改为向后小踢腿。 1~8拍：在第5~8小节动作的基础上，改为向后小踢腿加点地，结束拍收回至1位手位。 反方向动作相同	图4-11

五、单手扶把画圈训练

单手扶把画圈训练（音乐：3/4拍，共32小节）见表4-11。

单手扶把画圈训练（音乐：3/4 拍，共 32 小节）　　　　表 4-11

准备姿势	训练内容	图示
1 位脚位站立，收腹、沉肩，上身直立，右手 7 位手位，左手轻轻搭放于把杆上	训练动作： 1~3 拍：右脚向前擦地。 4~6 拍：右脚画圈至旁点地 [图 4-12a)]。 1~3 拍：擦回至 1 位脚位。 4~6 拍：1 位脚位站立保持不动。 1~3 拍：右脚向后擦地 [图 4-12b)]。 4~6 拍：右脚画圈至旁点地。 1~3 拍：擦回至 1 位脚位。 4~6 拍：1 位脚位站立保持不动。 1~3 拍：右脚向前擦地。 4~6 拍：右脚画圈至旁点地。 1~3 拍：右脚画圈至后点地。 4~6 拍：擦回至 1 位脚位。 1~3 拍：右脚向前擦地。 4~6 拍：右脚向前抬起至 90°控制。 1~3 拍：右脚前点地。 4~6 拍：右脚擦地收回至 1 位脚位。 1~3 拍：右脚向后擦地。 4~6 拍：右脚画圈至旁点地。 1~3 拍：擦回至 1 位脚位。 4~6 拍：1 位脚位站立保持不动。 1~3 拍：右脚向前擦地。 4~6 拍：右脚画圈至旁点地。 1~3 拍：擦回至 1 位脚位。 4~6 拍：1 位脚位站立保持不动。 1~3 拍：右脚向后擦地。 4~6 拍：右脚画圈至旁点地。 1~3 拍：右脚画圈至前点地。 4~6 拍：擦回至 1 位脚位。 1~3 拍：右脚向后擦地。 4~6 拍：右脚向后抬起至 90°控制。 1~3 拍：右脚后点地。 4~6 拍：右脚擦地收回至 1 位脚位，结束拍右手收回 1 位手位。 反方向动作相同	a) b) 图 4-12

六、单手扶把单腿蹲训练

单手扶把单腿蹲训练（音乐：3/4 拍，共 16 小节）见表 4-12。

单手扶把单腿蹲训练（音乐：3/4拍，共16小节）　　　　　　表4-12

准备姿势	训练内容	图示
左脚在前，5位脚位站立，收腹、沉肩，上身直立，左手7位手位，右手轻轻搭放于把杆上	训练动作： 1～3拍：双腿屈膝，右脚脚趾抓地，靠于左脚脚踝前。 4～6拍：双腿同时伸直，右腿朝前45°位置伸直。 1～6拍：同前两节动作。 1～3拍：双腿屈膝，同时右脚脚趾抓地，靠于左脚脚踝前。 4～6拍：双腿同时伸直，右腿朝旁45°位置伸直。 1～3拍：双腿屈膝，同时右脚脚趾抓地，靠于左脚脚踝后（图4-13）。 4～6拍：双腿同时伸直，右腿朝旁45°位置伸直。 1～6拍：同前两节动作。 1～3拍：双腿屈膝，同时右脚脚趾抓地，靠于左脚脚踝后。 4～6拍：双腿同时伸直，右腿朝旁45°位置伸直。 1～3拍：双腿屈膝，同时右脚脚趾抓地，靠于左脚脚踝前。 4～6拍：双腿同时伸直，右腿朝旁45°位置伸直，结束拍左手收回至1位手位。 反方向动作相同	图4-13

七、单手把上小弹腿训练

单手把上小弹腿训练（音乐：2/4拍，共24小节）见表4-13。

单手把上小弹腿训练（音乐：2/4拍，共24小节）　　　　　　表4-13

准备姿势	训练内容	图示
右脚在前，5位脚位站立，收腹、沉肩，上身直立，右手7位手位，左手轻轻搭放于把杆上	训练动作： 1～2拍：右脚脚背靠于左脚脚踝前（图4-14）。 3～4拍：右腿向前迅速弹出伸直。 5～8拍：同前两小节动作。 1～2拍：右脚脚背靠于左脚脚踝前，膝盖外开。 3～4拍：右腿向旁迅速弹出伸直。 5～8拍：同前两小节动作。 1～2拍：右脚脚背靠于左脚脚踝后，膝盖外开。 3～4拍：右腿向后迅速弹出伸直。 5～8拍：同前两小节动作。 1～2拍：右脚脚背靠于左脚脚踝后，膝盖外开。 3～4拍：右腿向旁迅速弹出伸直。 5～8拍：同前两小节动作。 1～8拍：右脚前后打击，1拍1次，共8次，重心稳定，小腿灵活，位置准确。 1～8拍：同前1个8拍动作，结束拍收回5位脚位和1位手位。 反方向动作相同	图4-14

二维码视频12

八、单手扶把用腿画圈训练

单手扶把用腿画圈（二维码视频12）训练（音乐：4/4拍，共24小节）见表4-14。

单手扶把用腿画圈训练（音乐：4/4 拍，共 24 小节） 表 4-14

准备姿势	训练内容	图示
左脚在前，5位脚位站立，收腹、沉肩，左手7位手位，右手轻轻搭放于把杆上	训练动作： 1~4 拍：右腿向前擦地。 5~8 拍：右腿向前伸直至抬起 90° 控制 [图 4-15a)]。 1~4 拍：环动至旁腿 90° 控制。 5~8 拍：第 5 拍脚尖点地，第 6~8 拍擦地收回 5 位脚位，右脚在前。 1~4 拍：右腿向旁擦地。 5~8 拍：右腿向旁伸直抬起至 90° 控制 [图 4-15b)]。 1~4 拍：环动至后腿 90° 控制。 5~8 拍：第 5 拍脚尖点地，第 6~8 拍擦地收回 5 位脚位，右脚在后。 1~4 拍：右腿向后擦地。 5~8 拍：右腿向后伸直抬起至 90° 控制。 1~4 拍：环动至旁腿 90° 控制。 5~8 拍：第 5 拍脚尖点地，第 6~8 拍擦地收回 5 位脚位，右脚在后。 1~4 拍：右腿向旁擦地。 5~8 拍：右腿向旁伸直抬起至 90° 控制。 1~4 拍：环动至前腿 90° 控制。 5~8 拍：第 5 拍脚尖点地，第 6~8 拍擦地收回 5 位脚位，右脚在前。 1~4 拍：右腿向前擦地。 5~8 拍：右腿向前伸直抬起至 90° 控制。 1~4 拍：环动至旁腿 90° 控制。 5~8 拍：环动至后腿 90° 控制。 1~4 拍：右腿后点地。 5~8 拍：右腿经过擦地向前抬起至 90° 控制。 1~4 拍：左腿立脚跟，顺时针转向反面，右腿保持 90° 控制，经过旁腿到后腿。 5~8 拍：第 5 拍脚尖点地，第 6~8 拍擦地收回 5 位脚位，右脚在后。 反方向动作相同	a) b) 图 4-15

九、单手扶把控制训练

单手扶把控制训练（音乐：4/4 拍，共 24 小节）见表 4-15。

单手扶把控制训练（音乐：4/4拍，共24小节） 表 4-15

准备姿势	训练内容	图示
右脚在前，5位脚位站立，收腹、沉肩，右手7位手位，左手轻轻搭放于把杆上	训练动作： 1～4拍：左腿直立，右腿屈膝，膝盖打开，脚尖吸到右腿膝盖位置，简称大吸腿（passé）。 5～8拍：小腿向前伸直至90°控制，过程中膝盖外开。 1～4拍：保持不动。 5～8拍：第5拍脚尖点地，第6～8拍擦地收回5位脚位，左脚在前。 1～4拍：左腿大吸腿。 5～8拍：小腿向旁伸直至90°控制，过程中膝盖外开。 1～4拍：保持不动。 5～8拍：第5拍脚尖点地，第6～8拍擦地收回5位脚位，左脚在前。 1～4拍：向前抬起至90°控制。 5～8拍：环动至旁腿90°控制。 1～4拍：环动至后腿90°控制（图4-16）。 5～8拍：第5拍脚尖点地，第6～8拍擦地收回5位脚位，右脚在前。 1～4拍：右腿大吸腿。 5～8拍：小腿向后伸直至90°控制，过程中膝盖外开。 1～4拍：保持不动。 5～8拍：第5拍脚尖点地，第6～8拍擦地收回5位脚位，左脚在后。 1～4拍：右腿大吸腿。 5～8拍：小腿向旁伸直至90°控制，过程中膝盖外开。 1～4拍：保持不动。 5～8拍：第5拍脚尖点地，第6～8拍擦地收回5位脚位，左脚在后。 1～4拍：向后抬起至90°控制。 5～8拍：环动至旁腿90°控制。 1～4拍：环动至前腿90°控制。 5～8拍：第5拍脚尖点地，第6～8拍擦地收回5位脚位，右脚在前	图 4-16

十、单手扶把大踢腿训练

单手扶把大踢腿训练（音乐：2/4拍，共32小节）见表4-16。

单手扶把大踢腿训练（音乐：2/4 拍，共 32 小节） 表 4-16

准备姿势	训练内容	图示
左脚在前，5 位脚位站立，收腹、沉肩，左手 7 位手位，右手轻轻搭放于把杆上	训练动作： 1～2 拍：第 1 拍左腿经过前擦地朝鼻尖方向踢，第 2 拍脚尖点地 [图 4-17a]。 3～4 拍：擦地收回 5 位脚位。 5～8 拍：同前两小节动作。 1～8 拍：同前 4 小节动作。 1～8 拍：在第 1～4 小节动作的基础上，改为向旁大踢腿 [图 4-17b]。 1～8 拍：同上动作。 1～8 拍：在第 1～4 小节动作的基础上，改为向后大踢腿 [图 4-17c]。 1～8 拍：同上动作，结束拍收回至 1 位手位和 5 位脚位。 1～8 拍：同第 1～4 小节动作。 1～8 拍：同前动作，结束拍收回至 1 位手位和 5 位脚位	a) b) c) 图 4-17

实训任务

实训内容：根据所给的训练动作，配合音乐完成组合。

实训要求：

（1）分为两组，交替展示并互相点评。

（2）将开、绷、直、立灵活应用在动作训练之中。

（3）配合音乐节奏调整呼吸。

每组同学配合音乐将把上训练动作进行展示，达到训练效果。把上训练效果测评表见表 4-17。

把上训练效果测评表 表 4-17

序号	检测内容	检测标准	自评（5 分制）	互评（5 分制）
1	手形、手位与脚位	手位、脚位的熟悉度		
2	双手扶把擦地训练	末梢神经的控制能力		
3	单手扶把蹲训练	动作连贯、均匀		
4	单手扶把小踢腿训练	腿部肌肉的控制能力		
5	单手扶把画圈训练	末梢神经的控制能力、动作延伸感		
6	单手扶把单腿蹲训练	腿部肌肉的控制能力		

续上表

序号	检测内容	检测标准	自评（5分制）	互评（5分制）
7	单手把上小弹腿训练	腿部灵活性		
8	单手扶把用腿画圈训练	腿部肌肉的控制能力		
9	单手扶把控制训练	腿部肌肉的控制能力、动作延伸感		
10	单手扶把大踢腿训练	柔韧度、二次发力的爆发力		
总分				

思考练习

1. 进行把上训练之前需要做什么？

2. 试试在反向位置练习组合。

单元三 把下训练

1. 基本掌握把下训练动作。
2. 加强肌肉控制能力。
3. 增强腿部灵活性。

一、把下小跳训练

把下小跳训练（音乐：2/4 拍，共 16 小节）见表 4-18。

把下小跳训练（音乐：2/4 拍，共 16 小节） 表 4-18

准备姿势	训练内容	图示
双手1位手位，收腹、沉肩，1位脚位站立，准备拍最后一拍半蹲	训练动作： 1～4拍：双脚快速推地，绷脚向上连续跳3次，重拍在下，第4拍落地半蹲停住（图4-18）。 5～8拍：双腿伸直，第8拍半蹲。 1～8拍：同前4小节动作。 1～8拍：双脚快速推地，绷脚向上连续跳8次，重拍在下。 1～8拍：同前1个8拍动作，最后一拍落地后双腿伸直	图 4-18

二、变位小跳训练

变位小跳训练（音乐：2/4 拍，共 24 小节）见表 4-19。

变位小跳训练（音乐：2/4 拍，共 24 小节）　　　　　　　　　　　　　表 4-19

准备姿势	训练内容	图示
双手 7 位手位，收腹、沉肩，1 位脚位站立，准备拍最后一拍半蹲	训练动作： 1～4 拍：双脚快速推地，绷脚向上连续跳 3 次，重拍在下，第 4 拍半蹲停住（图 4-19）。 5～8 拍：双腿伸直，第 8 拍半蹲。 1～4 拍：双脚快速推地，绷脚向上连续跳 3 次，重拍在下，第 3 拍落地变 2 位脚位蹲。 5～8 拍：双腿伸直，第 8 拍半蹲。 1～4 拍：双脚快速推地，绷脚向上连续跳 3 次，重拍在下，第 3 拍半蹲停住。 5～8 拍：双腿伸直，第 8 拍半蹲。 1～4 拍：双脚快速推地，绷脚向上连续跳 3 次，重拍在下，第 3 拍落地变 5 位脚位蹲。 5～8 拍：双腿伸直，第 8 拍半蹲。 1～8 拍：5 位脚位变位小跳，双脚快速推地，绷脚向上，空中交换前后脚，连续跳 8 次，重拍在下。 1～8 拍：5 位脚位变位小跳，双脚快速推地，绷脚向上，空中交换前后脚，连续跳 7 次，重拍在下，最后 1 拍双腿伸直，双手收回至 1 位手位	图 4-19

三、中跳训练

中跳训练（音乐：3/4 拍，共 8 小节）见表 4-20。

中跳训练（音乐：3/4 拍，共 8 小节）　　　　　　　　　　　　　表 4-20

准备姿势	训练内容	图示
面朝 8 点方向（舞蹈方位以正前方为 1 点，顺时针每旋转 45°增加 1 点），双手 1 位手位，收腹、沉肩，5 位脚位站立，准备拍最后一拍半蹲，双手小 7 位，呼吸	训练动作： 1～3 拍：5 位脚位并立跳 1 次，空中 2 位手位，落地变 2 位脚位蹲，7 位手位，方向 1 点。 4～6 拍：2 位脚位跳 1 次，落地变 5 位脚位蹲，1 位手位，方向 2 点（图 4-20）。 1～3 拍：5 位脚位并立跳 1 次，空中 2 位手位，落地变 2 位脚位蹲，7 位手位，方向 1 点。 4～6 拍：2 位脚位跳 1 次，落地变 5 位脚位蹲，1 位手位，方向 8 点。 1～6 拍：同第 1～2 小节动作。 1～6 拍：同第 3～4 小节动作	图 4-20

四、平转训练

平转训练（音乐：2/4 拍，共 16 小节）见表 4-21。

平转训练（音乐：2/4 拍，共 16 小节）　　　　　　　　表 4-21

准备姿势	训练内容	图示
1 位脚位站立，面朝 3 点方向，6 位手位，准备拍最后一拍立半脚尖 [图 4-21a)]	训练动作： 1～8 拍：第 1 拍上右脚并立，身体旋转 180°，手打开至 7 位手位，之后左右脚交替上步并立，逆时针向前旋转，单拍留头，双拍甩头。 1～8 拍：同前动作。 1～8 拍：同前动作。 1～4 拍：同前动作。 5～8 拍：2 拍 5 位脚位蹲，2 拍伸直双腿，双手伸手成结束舞姿动作 [图 4-21b)]	a) b) 图 4-21

五、大跳训练

大跳训练（音乐：2/4 拍，共 4 小节）见表 4-22。

大跳训练（音乐：2/4 拍，共 4 小节）　　　　　　　　表 4-22

准备姿势	训练内容	图示
面朝 8 点方向，双手一小 7 位手位，右脚在前擦地位置，准备拍双手经过 2 位手位打开至 7 位手位，双脚单腿蹲后还原至前擦地位置	训练动作： 1～2 拍：第 1 拍右脚上抬至 25°向上跳起，双脚交替至上左脚在前，第 2 拍错步跳。 3～4 拍：第 3 拍左脚经过膝盖朝前的大吸腿，上撩起跳至双腿打开 180°，第 4 拍右脚和左脚依次上步（图 4-22）。 5～6 拍：右脚上步至 5 位脚位并立，双手 3 位手位。 7～8 拍：下场	图 4-22

 实训任务

实训内容：根据所给的训练动作，配合音乐完成组合。

实训要求：

（1）分为两组，交替展示。

（2）跳跃要有空中停留感。

（3）平转需快而稳。

每组同学配合音乐将把下训练动作进行展示，达到训练效果。把下训练效果测评表见表 4-23。

把下训练效果测评表　　　　　　　　表 4-23

序号	检测内容	检测标准	自评（5 分制）	互评（5 分制）
1	把下小跳训练	腿部肌肉的控制能力		
2	变位小跳训练	脚尖灵活度		
3	中跳训练	空中停留感		
4	平转训练	手、头、脚协调性，旋转能力		
5	大跳训练	空中停留感、动作延伸感		
总分				

1. 跳跃时,腹部收紧,是否能在空中停留时间更长?

2. 平转时,不留头甩头是否会头晕?

3. 试练习平转训练。

单元四 舞姿训练

1. 基本掌握舞姿训练动作。
2. 增强身体协调性。
3. 培养较强的节奏感。

一、把下三拍舞步训练

把下三拍舞步（二维码视频13）训练（音乐：3/4拍，共12小节）见表4-24。

二维码视频13

把下三拍舞步训练（音乐：3/4拍，共12小节）　　表4-24

准备姿势	训练内容	图示
双手小7位手位，收腹、沉肩，身体朝2点方向，右腿后点地	训练动作： 1~3拍：第1拍右腿旁擦地迈步，落地后转换重心至右脚，左脚脚腕靠于右脚脚腕处；第2、第3拍左脚脚尖点地后换右脚点地（图4-23）。 4~6拍：前一小节动作反方向做一遍。 1~6拍：同前两小节动作	图4-23
双手小7位手位，收腹、沉肩，身体朝2点方向，右腿后点地	1~3拍：右脚向前擦地至4位蹲，2位手位。 4~6拍：转换重心至右脚在前，阿拉贝斯舞姿。 1~6拍：同第1~2小节动作。 1~6拍：同第3~4小节动作。 1~6拍：同第5~6小节动作。 结束舞姿（图4-24）	图4-24

二、把下行礼训练

把下行礼训练（音乐：2/4拍，共40小节）见表4-25。

把下行礼训练（音乐：2/4 拍，共 40 小节）　　　　　　　　　　　　　　　　表 4-25

准备姿势	训练内容	图示
双手 1 位手位，收腹、沉肩，1 位脚位站立	训练动作： 1～4 拍：2 位手位，肩膀、肘部、手腕、手指尖成一条弧线，不要出现棱角，呼吸自如。 5～8 拍：3 位手位，肩膀放松，手指尖延伸。 1～4 拍：4 位手位，右手指尖从身前中线轴直直切下。 5～8 拍：5 位手位，右手指尖先往前延伸再打开。 1～4 拍：6 位手位，左手指尖从身前中线轴直直切下。 5～8 拍：7 位手位，左手指尖先往前延伸再打开，打开至 7 位后指尖不要高于肩膀。 1～8 拍：经过呼吸回到 1 位手位。 1～2 拍：6 位手位，右脚旁擦。 3～4 拍：7 位手位，2 位脚位蹲姿。 5～8 拍：左手经过 1 位手位、2 位手位回到 7 位手位，左脚画圈到后点地。 1～8 拍：小 7 位手位，4 拍蹲，4 拍起，带上呼吸行礼（图 4-25）。 反方向行礼一次	图 4-25

实训任务

实训内容：根据所给的训练动作，配合音乐完成组合。

实训要求：

（1）脚下动作干净、灵巧。

（2）动作伸展到极限。

（3）动作配合呼吸。

每组同学配合音乐将舞姿训练动作进行展示，达到训练效果。

舞姿训练效果测评表见表 4-26。

舞姿训练效果测评表　　　　　　　　　　　表 4-26

序号	检测内容	检测标准	自评（5 分制）	互评（5 分制）
1	把下三拍舞步训练	动作轻巧、灵活		
2	把下行礼训练	动作伸展、优雅		
总分				

1. 进行舞姿训练需要面带微笑吗？

2. 试试靠墙站立，双手平举，尽力延伸，感受指尖的延伸感。

> 知识拓展

芭蕾形体训练对人体各部位的要求

一、头部

头部直立，不要向前伸颈探头，双眼平视前方，配合动作时自然和谐，不要僵硬。

二、颈部

颈部直立，不能僵硬，自然延伸，修长的颈部给人一种美的视觉感受。

三、肩部

肩部状态十分重要，肩部自然下沉、展开，不能出现含胸、耸肩和过度展肩等状态，需给人一种松弛、舒展、和谐的感觉。

四、胸部

"挺胸抬头"是训练中对人体上身的基本要求。自然挺胸，呼吸流畅，不要憋气，不要出现含胸和过度挺胸的状态。胸部尽量展开，以减少脊椎拉长的长度，需给人一种挺拔、自然的感觉。

五、背部

背部挺拔直立，脊椎从尾椎骨一节节向上拉长、延伸至头顶；后背肌和肩胛骨向中间收拢，最大限度地拉长背部的肌肉，避免重心后倒，更不能出现驼背的状态。

六、腹部

腹部紧收，收紧时呼吸自如，不要憋气。腹部不能用力往前顶，不能出现外凸或者内凹等状态。腹部的肌肉由前向上拉，用臀部的肌肉下拉来保持平衡。只有在此状态下，才能呈现出优美的形体与舞姿。

七、腰部

腰部是连接上下身的关键部位。腰部肌肉收紧、挺拔、直立，与背部保持垂直的状态，不能出现塌腰的状态。对此部位的有效训练，可提高旋转、弹跳等技术技巧的能力。

八、臀部

收紧臀大肌，臀部夹紧至有一个内陷的"窝"，保持臀部和背部在一个平面上，不能出现臀部外撅的状态。

九、胯部

胯部是指人体的骨盆。骨盆由两侧的髋骨、骶骨和尾骨以及连接它们的韧带等结构组成。在芭蕾形体训练中，胯部对动作的稳定性起着十分重要的作用，动作也只有在胯部稳定的状态下才能完成得更好。无论是基础动作还是技巧性动作，都依赖于人的骨盆。训练时，需改变盆骨前倾的自然状态，将盆骨上提直立，与背部、臀部在一个平面上。在做动作时，两边的胯部始终保持在一个平面上，不能出现胯部一前一后的状态，无论身体怎么运动，胯部始终都要面对身体的正前方。芭蕾形体训练强调做动作时保持四点一线，即肩部两个点、胯部两个点、身体中线在同一个平面上。

十、腿部

芭蕾形体训练中大量的内容都体现在腿部，因此训练对腿部的要求非常严格。训练中大腿外旋、内侧肌肉夹紧、膝盖伸直并拢、小腿外旋夹紧，动作中整个腿部外旋、肌肉上提。动作的外开和控制主要靠腿部肌肉来完成，尤其是大腿内侧肌肉，活动时大腿的后部提向身体的中心，将腿向外转开，腿的后部拉长，连接腿和骨盆大块的臀部肌肉也负责外开的任务。

十一、脚部

芭蕾形体训练中双脚是一切动作的根基。人体重力通过脚掌作用于地面，因此站立时需整个脚掌踩在地面上，脚趾全部张开，牢牢抓紧地面，不能出现向里或向外倒脚的状态。做动作时，需控制末梢神经，脚尖灵活，绷紧脚背，向远方延伸到极致，练就一双强有力且"会说话"的脚。

模块五 形体操课训练

情境导入

玲玲来到健身俱乐部,各种各样的健身操课让她产生了极大兴趣。于是,她找健身教练为她设计了一个短时高效的周期训练计划,即14周时间、3个强度等级的训练计划,内容涵盖有氧训练、力量训练、心肺训练、拉伸训练、舞蹈等。每周5天,每天的训练内容都不同,每天只进行1h的训练。通过训练,她的形体和身姿有了很大的变化。

模块知识

一、形体操课的发展

随着生活水平的提高，人们的脑力劳动逐渐增加，体力活动相应减少。与此同时，工作和生活的压力加大，引发了各种"都市病"和"亚健康"，这使人们更加意识到健康的重要性。

形体操课是一种以舞蹈基本功训练为主要手段，结合音乐，以人的基本姿势为基础的体育活动实践。其发展融合了现代舞、芭蕾、艺术体操和民间舞蹈的精华，旨在通过一系列舞步、拉伸动作，培养和塑造人的优雅气质、体形等。

形体操课注重身体各部位（如肩、胸、腰、腹、腿等）的训练，以提高人体的支撑能力和柔韧性，同时强调基本姿势的纠正和改善，如坐姿、走路姿势、站姿和躺姿，有助于改善不良姿势，如高肩、低肩和驼背。

二、形体操课的种类

根据不同的分类标准，形体操课可以分为多种类型，每种类型都有其独特的训练形式和特点。

根据训练形式和难度的不同，形体操课可以分为基础形体训练、艺术体操、健美操和垫板组合练习等。其中，基础形体训练主要注重身体的基本姿势和协调性训练，适合初学者；艺术体操强调动作的优美和技巧性，更加注重身体素质和技巧水平训练；健美操则是一种结合了音乐和舞蹈元素的形体训练方式，注重节奏感和全身运动；垫板组合练习则是一种在垫子上进行的柔韧性和力量性训练，可以帮助提高身体素质和柔韧性。

根据不同的舞蹈风格进行分类，形体操课可以分为芭蕾舞形体操课、现代舞形体操课、民族舞形体操课等。这些不同类型的形体操课都有其独特的舞蹈元素和动作特点，人们可以根据自己的兴趣和需求进行选择。

为了满足训练者的各种需求，形体操课的种类和训练形式呈现多样化的趋势，如"有氧操""杠铃操""踏板操"，以及特殊风格的操课，如"搏击操""瑜伽"等。由于每个训练者年龄、性别、身体状况、健康水平和想要达到的目的不同，该课程必须具有多样化特性。

三、形体操课训练技巧

（1）在上形体操课时要进行热身活动，做好充分的准备活动，加强身体各部位的拉伸，尤其是踝部周围韧带肌肉的锻炼，多进行提踵跳及负重提踵练习，提高关节的力量和弹性。

（2）正确掌握跑跳技巧，注意落地的缓冲和动作中的放松拉伸，以减小地面对膝盖和小腿的冲击力。

（3）避免长时间在过硬的场地上进行跑跳练习，因为大量的跑跳动作容易引起骨膜的应力性损伤。

（4）在跑跳练习中，还要掌握脚掌先着地的正确技巧，使膝盖得到缓冲。

模块计划

形体操课种类很多，每种操课都可以增强肌肉力量、骨骼柔韧性，增加身体耐力，提高动作协调性，增强身体各部位的控制能力，强健身体。如果要达到缓解压力的目的，一周必须锻炼3～4次。

一、训练计划

形体操课训练及饮食安排见表5-1。

形体操课训练及饮食安排　　　　　　　　　表 5-1

时间	训练安排	饮食安排
周一	拉丁舞健身操	训练日饮食
周二	休息	平时饮食
周三	瑜伽	瑜伽饮食
周四	休息	平时饮食
周五	健美操	训练日饮食
周六	休息	平时饮食
周日	民族舞	训练日饮食

二、训练时间分配

总体训练时间控制在 1h 以内（50 ~ 65min）。

（1）热身 5 ~ 10min。

（2）主题训练 40 ~ 45min。

（3）放松 5 ~ 10min。

三、训练周期

形体操课训练的目的是"锻炼身体，保持健康"。形体操课动作变化丰富，实用性强，锻炼时间可长可短，可以根据个人情况适当调整训练要求。只要坚持训练，就能使身体在健康的基础上更加优美。

四、饮食建议

三分靠练，七分靠吃，因此要注意训练前后的饮食。人体每天都要摄入并吸收、利用多种营养素，对于健身的朋友来说，饮食是要格外注意的。训练日饮食安排建议见表 5-2。

训练日饮食安排建议　　　　　　　　　表 5-2

早餐（满满能量）	7:30	色拉全麦吐司、小麦胚芽奶、奇异果
训练（痛快流汗）	9:00	加油训练吧！
加餐（好心情，无限量）	10:00	1 个苹果或是其他水果
午餐（维持热量）	12:00	西红柿牛肉烩饭、青椒炒肉丝、香菇汤
加餐（好心情，无限量）	15:00	柠檬水、2 片全麦面包或 1 根香蕉
晚餐（健康适量）	18:00	鸡肉、烧胡萝卜、凉拌芹菜
就寝（准备休息）	22:00	晚安，好梦！

温馨提示：

（1）注意训练前后的饮食要求。

（2）非训练日可按平时饮食就餐。

（3）形体操课训练必须遵守训练日饮食规则的具体要求。

单元一　健　美　操

 **学习目标**

1. 基本掌握健美操的训练方法。
2. 学会健美操训练动作。
3. 通过健美操训练锻炼身体的协调性和肌肉力量。

 **单元训练**

健美操是一项以有氧训练为基础，以健、力、美为特征的运动，也称为有氧体操。健美操是有氧耐力素质的基础，其运动特征是持续一定时间的、中低强度的全身性运动，其主要目的是锻炼训练者的心肺功能。健美操可根据训练对象的不同进行编排，动作简单易学，节奏感强，时间灵活，适合不同年龄的训练者，在达到训练目的的同时，也降低了运动损伤。

一、健美操热身训练

健美操热身训练见表5-3。

健美操热身训练　　　　　表5-3

准备姿势	训练内容	图示
双腿并拢，双手自然垂放身体两侧	训练动作1： 1～8拍：右手扶左侧头部，向右倒头[图5-1a)]。 1～8拍：保持右倒头，左侧颈部有拉伸感。 1～8拍：左手扶右侧头部，向左倒头[图5-1b)]。 1～8拍：保持左倒头，右侧颈部有拉伸感	图5-1 a) b)
	训练动作2： 1～8拍：双手交叉内扣抱头，头部向下[图5-2a)]。 1～8拍：肘关节还原抬头。 1～8拍：双手交叉前推，呼气，头部向后伸展[图5-2b)]。 1～8拍：保持后步拉伸，慢慢还原	图5-2 a) b)
	训练动作3： 1～8拍：蹲起，双肩向后转动4次[图5-3a)]。 1～8拍：蹲起，双肩向前转动4次。 1～2拍：身体重心移至左腿，右手直臂向后画圈[图5-3b)]。 3～4拍：反方向动作相同。 5～8拍：重复前两节动作，左右交换。 1～2拍：身体重心移至右腿，左手直臂向前画圈。 3～4拍：反方向动作相同。 5～8拍：重复前两小节动作，左右交换	图5-3 a) b)

续上表

准备姿势	训练内容	图示
双腿并拢，双手自然垂放身体两侧	训练动作 4： 1～8 拍：双手交叉向前推，原地踮步，左右交替移动身体重心 [图 5-4a)]。 1～8 拍：双手交叉推至右肩前。 1～8 拍：左手直臂内扣，右手扶左手前臂，拉伸左臂 [图 5-4b)]。 1～8 拍：反方向动作相同，还原起始位置 [图 5-4c)]	a) b) c) 图 5-4

二、健美操主题训练

健美操主题训练见表 5-4。

健美操主题训练　　　　表 5-4

准备姿势	训练内容	图示
双腿打开比肩略宽，双手小 7 位手位	训练动作： 1～8 拍：在准备动作的基础上左右移动身体重心，重复 1 个 8 拍 [图 5-5a)、b)]。 1～8 拍：左右移动身体重心，前臂屈、身体直 [图 5-5c)]。 1～8 拍：移动重心屈腿抬后腿，2 个 8 拍。 1～8 拍：移动重心屈腿抬后腿，双手向后扩胸，2 个 8 拍 [图 5-5d)]。 1～8 拍：左右腿移动身体重心交替跳，2 个 8 拍。 1～8 拍：左右移动身体重心。 可重复整套主题动作 1 次	a) b) c) d) 图 5-5

三、健美操放松训练

健美操放松训练见表 5-5。

健美操放松训练 表 5-5

准备姿势	训练内容	图示
双腿并拢，双手叉腰	训练动作 1： 1~8 拍：右腿向前，屈腿前弓步，左脚脚尖朝前 [图 5-6a]。 1~8 拍：身体重心移至后腿，右腿伸直，身体前倾，双手扶叉腰 [图 5-6b]。 反方向动作相同，重复一次	a) b) 图 5-6
双腿打开比肩略宽，双手叉腰	训练动作 2： 1~8 拍：身体尽可能伸直前倾，腿部后侧有拉伸感 [图 5-7a]。 1~8 拍：身体向前、向下放松，双手叉腰扶地 [图 5-7b]。 1~8 拍：慢慢起身	a) b) 图 5-7

实训任务

实训内容：健美操组合展示比赛。

实训要求：

（1）以组为单位，展示所学健美操组合；评选出优胜组。

（2）要求动作标准、节奏准确，组员动作整齐，表情自然。

每组同学配合音乐进行健美操训练，达到训练效果。健美操训练效果测评表见表 5-6。

健美操训练效果测评表 表 5-6

序号	检测内容	检测标准	自评（5 分制）	互评（5 分制）
1	热身动作训练	动作标准，节奏准确，身体各部位充分预热		
2	主题动作训练	动作标准，节奏准确，表情自然		
3	放松动作训练	动作标准，节奏准确，训练位置有拉伸感		
总分				

1. 健美操训练的特点是什么？

2. 时尚的形体操课有哪些？

3. 做完本套健美操测 1min 心率。

4. 根据所给动作，编排 4 个 8 拍健美操动作。

单元二 瑜 伽

学习目标

1. 了解瑜伽。
2. 掌握瑜伽的冥想、基础训练动作和放松。
3. 通过瑜伽训练提高身体柔韧性并放松身心。

单元知识

一、瑜伽概述

瑜伽源于印度，已流传了五千多年。近年来，瑜伽迅速成为一种热门的锻炼方法。瑜伽是梵语Yoga的音译，引申为"连结""合一"等义。瑜伽的三个训练要素是身体姿势、呼吸方法、意会集中。这三个要素被贯穿整个训练。瑜伽课通过各个体式的练习来充分锻炼人体的柔韧性，增强人体的肌肉力量，改善人体的平衡能力。瑜伽的五个提点分别是恰当的呼吸法、适当的松弛、严格的饮食习惯、正确的练习、思考与冥想，以此培养自然的身体美，并获得高水平的健康状况，开发个体独特的潜力，以获得自我实现。

二、瑜伽的呼吸

（一）腹式呼吸

腹式呼吸是练习瑜伽时最基础且最重要的呼吸方式。仰卧或坐立，把手放在腹部，两鼻孔慢慢吸气，放松腹部，感觉空气被吸向腹部，手能感觉到腹部向外推出，横膈膜下降，将空气压入肺部底层；吐气时，慢慢收缩腹部肌肉，横膈膜上升，将空气排出肺部。

（二）胸式呼吸

胸式呼吸时，起伏的部位主要在胸部。情绪不稳定时做几个胸式呼吸，可以使心态平衡。盘腿坐，脊背直立，手轻轻放在胸部上方，两鼻孔慢慢吸气，将空气直接吸入胸部区域，感觉胸部区域扩张，但腹部应保持平坦。呼气时，肋骨向下并向内收。

（三）完全呼吸

瑜伽完全呼吸法是集胸式呼吸法和腹式呼吸法于一体的呼吸方法，由于增加了氧气供应，它能使肺活量增大，血液得到净化，对强健肺部、增加身体活力和耐力有很好的作用。盘腿坐正，一手放在腹部，另一手放在肋骨处，缓缓地吸气，感觉腹部慢慢鼓起，先让空气充满肺的下半部，再让空气充满肺的上半部；等到空气充满了肺部的每一个角落，吸气吸到双肺的最大容量，再缓缓地呼气，先放松胸上部，再放松胸下部和腹部；最后收缩腹肌，把气完全呼出。呼吸轻柔，一气呵成。

三、瑜伽训练注意事项

（1）时间：瑜伽练习最好在饭后2h左右进行，清晨和傍晚是不错的选择。

（2）地点：尽可能在安静、干净、舒适、通风的地方。

（3）设备：应该选择天然材质、薄厚适中的瑜伽垫，身着宽松的瑜伽练习服，除去手表、腰带和配饰，最好光脚。

（4）饮食：避免油腻、辛辣食物，练习结束30～40min后再进食。

（5）注意：动作适可而止，不要勉强。

单元训练

一、瑜伽冥想

瑜伽冥想训练见表5-7。

瑜伽冥想训练　　　　　　　　　　　　　　　　　　　　　　　　表 5-7

准备姿势	训练内容	图示
以舒服的姿势盘坐在瑜伽垫上，弯右小腿，右腿放在左大腿根处，肩背正直，下颌内收［图 5-8a）］	训练动作： 双手叠放在腹部，两鼻孔慢慢地吸气，像闻鲜花，手能感觉到腹部越抬越高；吐气时，慢慢收缩腹部肌肉，将空气排出肺部。吐气的时间是吸气的 2 倍［图 5-8b）］。 以此姿势配合腹式呼吸，注意力集中在腹部，听冥想词，10～15min	a)　b) 图 5-8

二、瑜伽热身

瑜伽热身训练见表 5-8。

瑜伽热身训练　　　　　　　　　　　　　　　　　　　　　　　　表 5-8

准备姿势	训练内容	图示
双腿并拢站立	训练动作 1（二维码视频 14）： 吸气，双手从两侧合十至头顶，尽量向后拉伸脊柱［图 5-9a）］。 呼气，身体向前、向下，双手抓住脚尖［图 5-9b）、c）］。 吸气，沉腰、抬头，刺激背部血液循环，保持自然的呼吸 10s。 呼气，腹部贴近大腿，头靠近小腿的方向，保持自然的呼吸 10s［图 5-9d）］。 吸气，再一次沉腰抬头伸展背部。 呼气，腹部再次贴近大腿，头靠近小腿的方向，保持自然的呼吸 10s。 吸气，抬头伸展背部［图 5-9e）］。 双手合十，轻轻吸气，还原直立［图 5-9f）］。 呼气，身体向后弯曲，腰腹向前推，拉伸腹部肌肉。 吸气，身体还原。 呼气，手掌回落于胸前，调整呼吸。 双手回落	a)　b)　c) d)　e)　f) 图 5-9
	训练动作 2： 吸气，右手从前方抬起（图 5-10）。 呼气，右手向后方打开落下。 左手动作相同。 左右交替练习，重复 4 次	图 5-10
	训练动作 3： 双膝弯曲，双手扶住双膝上方，双腿顺时针方向轻轻画圈 4 次［图 5-11a）］。 反方向动作相同，配合呼吸。 呼气，双腿下蹲；吸气，双腿伸直，重复 4 次［图 5-11b）］。 身体直立还原，调整呼吸	a)　b) 图 5-11

三、瑜伽体式训练

瑜伽体式训练见表5-9。

瑜伽体式训练　　　　　　　　　　　　　　　　表 5-9

准备姿势	训练内容	图示
双腿并拢站立	训练动作1（风吹树式）： 吸气，双手从两侧举过头顶合十，向上拉伸 [图5-12a)]。 呼气，以腰为支点，向右侧侧倒，拉伸脊柱，做到最大幅度 [图5-12b)]。 吸气，利用腰部的力量带动身体直立。 再次呼气，向左侧侧倒，腰腹肌肉拉伸 [图5-12c)]。 吸气，利用腰部的力量带动身体直立。 呼气，双手向两侧打开还原，均匀地调整呼吸	a) b) c) 图5-12 功效：增强腰髋部和肩膀的灵活性，使脊柱得到侧向的伸展，刺激肾腺，促进消化和排泄，帮助消除身体侧面的多余脂肪
双腿打开，比肩略宽	训练动作2（三角伸展式）： 吸气，两臂平举，与肩齐平，掌心向下，右脚向右旋转90°，左脚稍转向右侧，膝部保持绷直 [图5-13a)]。 呼气，上身向右侧侧倒，右手掌接近右脚踝，左臂向上伸展，与右臂成一条直线，腿后部、后背及臀部保持在一条直线上，眼睛看左手，膝部保持伸直，保持这个姿势30~60s，均匀深长地呼吸 [图5-13b)]。 吸气，抬起右手手掌，起上身。 呼气，双手回落，脚尖收回，双手合十置于体前，调整呼吸 [图5-13c)]。 反方向动作相同 [图5-13d)]	a) b) c) d) 图5-13 功效：除去腿部和臀部僵硬感，美化腰腹部，锻炼手臂、大腿

续上表

准备姿势	训练内容	图示
双腿并拢，双手从两侧至头顶合十	训练动作3（战士一式组合）： 吸气，双手合十向头顶上方伸展[图5-14a]。 呼气，身体转向右侧[图5-14b]，屈右膝到大腿平行于地面，仰头，看向手指尖方向。 吸气，伸直右膝，身体直立。 呼气，身体转正双手回落，脚掌回至一个肩宽，调整呼吸。 另一侧动作相同[图5-14c)、d)]	 a) b) c) d) 图5-14 功效：减少腹部、腰两侧多余脂肪；扩张胸部，伸展颈部，延缓衰老；增强人的平衡感及集中注意力的能力；消除下背部及肩部的肌肉紧张；对缓解颈部僵硬也有一定效果
坐在垫子上，两脚脚掌相对，双手十指相扣，抱住前脚掌[图5-15a]	训练动作4（束角式）： 吸气，下颌带动身体向后拉伸[图5-15b]。 呼气，下颌带动身体向前、向下，直至额头接触地面，放松背部[图5-15c]。 吸气，抬头，利用头部力量带动身体至上身直立。 调整呼吸，重复动作。 伸直双腿，抖动腿部，转动脚踝，放松一下	 a) b) c) 图5-15 功效：有助于增进腹部、骨盆及背部的血液循环，刺激神经系统，改善月经期不规律，对缓解坐骨神经疼痛以及静脉曲张有一定效果
跪地，臀部坐在双脚上[图5-16a]	训练动作5（坐山式组合）： 吸气，双手举至头顶上方合十，双手十指交叉，手心朝上，手臂伸直，下颌带动颈部向后拉伸，胸廓向上推[图5-16b]	 a) b) 图5-16

续上表

准备姿势	训练内容	图示
跪地，臀部坐在双脚上 [图5-16a)]	呼气，头部还原，双手打开置于臀部后方，双手交叉，手臂伸直，慢慢双手合十，指尖向内侧翻转，指尖朝上，将双手轻轻上移至肩胛骨，肩部打开[图5-16c)]。 吸气，头部向后[图5-16d)]。 呼气，身体向前、向下，放松背部，额头轻触地面。 吸气，身体还原，手臂放松，调整呼吸[图5-16e)]	 图5-16 功效：锻炼肩胛骨，缓解肩周炎的疼痛，增加双肩灵活性，缓解肩部、肘部疼痛感和僵硬感
跪坐，双手支撑地面，身体形成爬行姿势[图5-17a)]	训练动作6（猫弓式）： 吸气，调整呼吸[图5-17b)]。 呼气，双臂带动身体向前、向下，直至身体贴近地面，臀部向上耸起[图5-17c)]。 吸气，双腿小腿抬起，臀部朝脚跟方向靠拢，保持自然呼吸[图5-17d)]。 呼气，小腿回落。 手掌带动身体向前轻轻移动，身体俯卧，下颌置于地面或手背上均匀呼吸	  图5-17 功效：锻炼脊柱神经，头部面部提供血流量
俯卧，双手放在身体两侧，掌心朝下[图5-18a)]	训练动作7（弓式）： 屈双膝，双手抓住脚踝[图5-18b)]。 吸气，上半身自然抬起，同时双手带动双腿向后、向上伸展，臀部大腿收紧，扩张肩部、胸部[图5-18c)]。 呼气，身体轻轻还原，腿部松开伸直，脸向一侧调整呼吸	  图5-18 功效：促进消化功能，锻炼脊神经

续上表

准备姿势	训练内容	图示
仰卧，双腿并拢，掌心贴向地面	训练动作8（犁式）： 吸气，双脚并拢，抬起双腿[图5-19a]。 呼气，双腿朝身体上方伸展，脚尖伸至头顶上方与地面接触[图5-19b]。 双手撑住腰部，双膝接触额头[图5-19c]。 呼气，掌心向下贴住地面，有控制地还原	a) b) c) 图5-19 功效：刺激甲状腺，防止胃下垂，调整内分泌，增强脊柱力量
仰卧，双手自然打开，掌心向上	训练动作9（放松组合）： 吸气，屈双膝，抬起小腿[图5-20a]。 呼气，双腿向左侧侧倒接触地面，尽量带动腰部转动时将腰背部往下沉。头部向右侧[图5-20b]。 双腿慢慢伸直，掌心朝上置于体侧，感受呼吸的平静[图5-20c]。 反方向动作相同	a) b) c) 图5-20

四、瑜伽放松训练

瑜伽放松训练见表5-10。

瑜伽放松训练　　　　　　　　　　　表5-10

准备姿势	训练内容	图示
仰卧，掌心向上，身体放松[图5-21a]	训练动作： 闭眼，保持意识清醒，专注呼吸，听放松词。 双手举过头顶上方，伸个大大的懒腰。 抬起双腿、双脚并拢向上抖动[图5-21b]。 搓热手掌心，放在眼睛上，按顺时针或逆时针的方向轻轻地按摩双眼，梳理额头、发髻。 屈双膝，双手十指相交抱于膝盖内侧，将身体前后地晃动。 身体坐立，还原前方，盘坐，双手置于膝盖上[图5-21c]。 轻轻吸气，慢慢呼气	a) b) c) 图5-21

实训任务

实训内容：根据瑜伽训练的特点和功效，组织一套瑜伽体位动作。

实训要求：

（1）以组为单位进行讲解和展示，讲解员说明训练目的。

（2）动作设计合理，引导语言轻柔，达到训练目标与效果。

每组同学配合瑜伽音乐完成瑜伽冥想、热身、体式和放松训练动作，达到训练效果。瑜伽训练效果测评表见表5-11。

瑜伽训练效果测评表 表5-11

序号	检测内容	检 测 标 准	自评（5分制）	互评（5分制）
1	瑜伽冥想训练	体会到腹式呼吸、注意力集中、身体直立		
2	瑜伽热身训练	身体充分活动开、微汗		
3	瑜伽体式训练	动作标准、呼吸正确、控制力强		
4	瑜伽放松训练	注意力集中、身体充分放松		
总分				

1. 瑜伽呼吸与平时呼吸的区别有哪些？

2. 练习瑜伽可以吃肉吗？

3. 每天睡前练习15min瑜伽冥想。

4. 结合自身需求，进行瑜伽体式动作训练。

单元三　拉丁舞健身操

 学习目标

1. 了解拉丁舞健身操的特点。
2. 掌握拉丁舞健身操的动作要领。
3. 通过拉丁舞健身操动作学习，锻炼身体协调性。

 单元训练

拉丁舞健身操有别于国际标准的拉丁舞。拉丁舞健身操是在有氧操的基础上，融入拉丁舞的奔放和激情，使其更具有趣味性，适用人群更广泛。拉丁舞健身操保留了拉丁舞的健康和奔放，去掉了繁复和夸张，更倾向于大众的基础运动。拉丁舞健身操动作以摆胯为主，大多数情况以脚尖着地，具有柔中带刚的感觉，现场气氛异常热烈，在音乐的感染下和教练员的带动下，很容易就找到了有氧拉丁的异域风情。

拉丁舞健身操训练见表 5-12。

拉丁舞健身操训练　　　　　　　　　　表 5-12

训练内容	图示
准备动作： 站立，双手呈自然手形，打开小 7 位手位（图 5-22）	图 5-22
训练动作 1： 1～8 拍：右脚旁迈右点地（图 5-23），收回并腿。 反方向动作相同，手部随着摆动。 重复 4 个 8 拍	图 5-23
训练动作 2： 1～8 拍：右脚前迈前点地，收回并腿。 左腿后撤跐步收回，手部随着摆动（图 5-24）。 重复 4 个 8 拍	图 5-24

续上表

训练内容	图示
训练动作3： 1～8拍：上右脚，双手3位手位；撤右脚，双手打开小7位手位，身体前倾［图5-25a）、b）］。 2个8拍	a)　　　b) 图5-25
训练动作4： 1～8拍：上右脚前点地［图5-26a）］，向左脚转一圈4个方向，反面转一圈［图5-26b）］。 重复训练动作4	a)　　　b) 图5-26
训练动作5： 1～8拍：旁迈并腿两步，反方向做相同动作（图5-27）。 2个8拍	图5-27

实训任务

实训内容：小组跟随音乐完成拉丁舞健身操组合展示。

实训要求：

（1）以组为单位展示。

（2）动作标准、整齐、优美。

（3）拉丁舞健身操风格独特。

每组同学配合拉丁风格音乐完成拉丁舞健身操训练动作，达到训练效果。拉丁舞健身操训练效果测评表见表5-13。

拉丁舞健身操训练效果测评表　　　　　表5-13

序号	检测内容	检测标准	自评（5分制）	互评（5分制）
1	小组队形	队形排列新颖、观赏性强		
2	展示动作	动作标准、节奏合拍、整齐划一		
3	舞蹈风格	拉丁舞健身操动率正确，跨步扭动到位，风格明确		
总分				

1. 简述拉丁舞健身操"8"字拧胯的动作要领。

2. 拉丁舞健身操手臂如何做到与身体随动，松弛，不僵硬？

3. 练习本套拉丁舞健身操动作。

4. 自备拉丁舞健身操音乐，在拉丁舞健身操基本动律的基础上编排4个8拍拉丁舞健身操动作。

单元四　民　族　舞

学习目标

1. 了解民族舞的风格特点。
2. 学会民族舞的基本体态。
3. 学会并基本掌握民族舞的组合舞步。

单元训练

一、藏族舞蹈

（一）风格特点

藏族是个能歌善舞的民族，歌舞一体是藏族舞独特的民族艺术表现形式。藏族舞蹈种类繁多，因地区不同，风格迥异，如绵延流畅的弦子、轻快活泼的踢踏、既平稳缓慢又粗犷奔放的锅庄，但总体的风格和规律又是统一的。

（二）基本体态

上身松弛略向前倾，膝关节有弹性地颤动或柔韧连绵地屈伸。

（三）基本动作

1. 手位

（1）双手自然垂于身体两侧。
（2）双手扶胯，肘关节略微向前。

2. 脚位

小八字位。

（四）舞蹈组合

准备姿势：正步，1 点方向。
藏族舞蹈组合训练见表 5-14。

藏族舞蹈组合训练　　　　　　　表 5-14

训练内容	图示
准备动作： （1）双腿并拢，双手垂于体侧 [图 5-28a]。 （2）1～8 拍，上身向前，行礼 [图 5-28b]	a)　　　b) 图 5-28

续上表

训练内容	图示
训练动作 1： 1～4 拍：双手从右侧起手，向前平推出画半圆，慢颤膝 1 次[图 5-29a)]。 5～8 拍：双手从左侧起手，向前平推出画半圆，慢颤膝 1 次[图 5-29b)]。 动作重复 2 遍	 a)　　b) 图 5-29
训练动作 2： 1～4 拍：双手从右侧起手，左手翻手扛头，右手左前，手心向外，慢颤膝 1 次[图 5-30a)、b)]。 5～8 拍：双手从左侧起手，右手翻手扛头，左手右前，手心向外，慢颤膝 1 次[图 5-30c)、d)]	 a)　　b) c)　　d) 图 5-30
训练动作 3： 1～6 拍：双手从右侧起手，翻手左手扛头，右手左前，手心向外，慢颤膝[图 5-31a)]。 7～8 拍：右手拉开，左脚往右侧转 1 圈[图 5-31b)]	 a)　　b) 图 5-31
训练动作 4： 1～2 拍：左迈一步右腿并腿向左转 1 圈，双手 3 位手位绕手，双手在左侧下方停住[图 5-32a)～c)]。 3～4 拍：双手胸前交叉打开，颤膝 1 次[图 5-32d)]	 a)　　b) 图 5-32

续上表

训练内容	图示
5~6拍：右迈一步左腿，并腿向右自转1圈，双手3位手位绕手，双手在右侧下方停住。 7~8拍：双手胸前交叉打开，颤膝1次	c) d) 图 5-32
训练动作5： 1~4拍：旁迈左脚，并右腿，双手打开7位手位，仰头向左转1圈[图5-33a)]。 5~8拍：面朝向8点方向，双腿并拢屈膝，右手朝8点方向，左手朝4点方向造型，颤膝结束[图5-33b)]	a) b) 图 5-33

二、蒙古族舞蹈

（一）风格特点

以农业和牧业为主的蒙古族人民生活在辽阔的草原上，这培养了他们勇敢、热情、爽朗的性格。蒙古族舞蹈具有舒展、豪迈的特点，通过抖肩、硬腕、柔腕、跟步等动作反映蒙古族舞蹈的舞姿。蒙古族舞蹈种类多样，主要有筷子舞、盅碗舞等。

（二）基本体态

上身略微后倾，颈部稍后枕，在节奏快时也不失这一基本特点。手形为四指并拢，拇指自然分开，突出腕部的活动和表现力。

（三）基本动作

1. 手位和手形

（1）常见手位。

1位：双手在体前指尖相对，手心向下，双肘略微弯曲。

2位：双手臂体前伸直上举45°，手心向下。

3位：双手斜上举，手心向下。

4位：双手在右侧（左侧）跨前按掌，指尖相对。

5位：双手屈臂，手指点肩。

6位：双手握拳，拇指叉腰，手背朝上。

7位：双臂侧平举，手心向下。

图 5-34 蒙古族舞蹈手形

（2）常见手形（图 5-34）。

平手：四指并拢，拇指自然伸直。

握拳手：五指空握拳。

2. 脚位：八字步

踏步：前脚向外打开，后脚脚掌点地。

前点步：前脚向外打开，后脚正前方脚尖点地，膝盖微屈略微打开。

3. 手、臂、肩

硬腕：手臂有节奏、有力量地提压腕或横腕，可同时提压，也可交替提压。

柔腕：慢提腕，柔韧地压腕。

硬肩：肩部前后交替移动，有力度但不要僵硬。

揉肩：双肩连绵不断地前后移动，有韧性。

耸肩：双肩同时或交替有节奏地上下弹动。

抖肩：双肩快速均匀地抖肩。

柔臂：肩部动作延续波浪形的伸展，要有内在的力度和韧性。

（四）舞蹈组合

蒙古族舞蹈组合训练（二维码视频 15）见表 5-15。

二维码视频 15

蒙古族舞蹈组合训练　　　　　　　　　　　　　　表 5-15

训练内容	图示
准备动作： （1）身体朝向 4 点方向，双手自然下垂，头看 6 点下方 [图 5-35a]。 （2）前奏，保持姿态，头从 6 点下方看到 6 点上方，右手起 [图 5-35b]	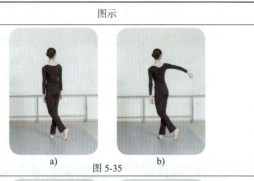 a)　　　b)　图 5-35
训练动作 1： 1～6 拍：蹲，右手起手抬起，慢慢站起 [图 5-36a]。 7～8 拍：向左侧转身，上左脚，俯身，双手至胸前 [图 5-36b]。 1～8 拍：双手波浪手柔腕打开 7 位手位，慢慢站起，右腿从旁划至前 [图 5-36c）、d)]	 a)　　　b) c)　　　d)　图 5-36

续上表

训练内容	图示
训练动作2： 1～4拍：双手平手叉腰，上右脚，左肩揉肩，上左脚；右肩揉肩（图5-37）。 5～8拍：一拍一个揉肩（左—右—左）	 图5-37
训练动作3： 1～4拍：左脚旁迈，右手压腕 [图5-38a）、b）]。 5～6拍：左手穿手，并左腿，双手打开7位手位。 7～8拍：往左侧转圈	 a) b) 图5-38
训练动作4： 1～4拍：身体朝向5点方向，上左脚，柔腕打开7位手位[图5-39a)]。 5～8拍：先上右脚，再上左脚，揉肩。 1～4拍：揉肩（2个慢的、3个快的动作），旁迈右脚，左脚后点，再迈右脚 [图5-39b)]。 5～8拍：右手带动身体向右转两圈 [图5-39c)]	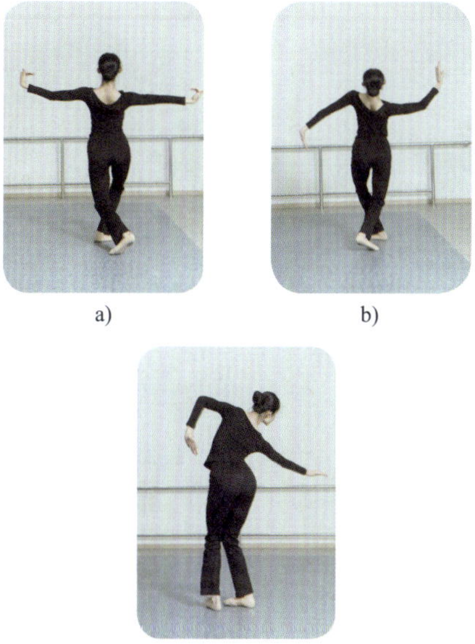 a) b) c) 图5-39
训练动作5： 1～4拍：右手穿手向前上右脚，上左脚，揉肩（图5-40）。 5～8拍：撤右脚，撤左脚，两手提前柔腕	 图5-40

续上表

训练内容	图示
训练动作 6： 1～8 拍：双手打开 7 位手位，上右脚，往左上步走圈，原地转，左手 3 位手位，右手绕手（图 5-41）	图 5-41
训练动作 7： 1～8 拍：身体朝向 5 点方向，右腿跪地，左手柔腕（图 5-42）	图 5-42
训练动作 8： 1～8 拍：左手盖手，双膝跪地，揉肩下板腰 [图 5-43a）～c)]	a) b) c) 图 5-43

三、维吾尔族舞蹈

（一）风格特点

二维码视频 16

新疆素有"歌舞之乡"的美誉，其歌舞艺术风格独特，热情、活泼、幽默（见二维码视频 16）。多姿多彩的歌舞是维吾尔族人民必不可少的娱乐活动。维吾尔族舞蹈造型优美、挺拔，擅长运用头、手的动作及眼神来表现人物情感和性格。维吾尔族舞蹈的表现形式有多朗舞、赛乃姆等。

（二）基本体态

维吾尔族舞蹈的基本体态有昂头、挺胸、立腰，腰背挺拔但不僵硬。

（三）基本动作

1.手位

女：立腕，手指松弛，中指和拇指靠近。

男：平手，有时稍立腕。

手位有脱帽位、叉腰位、提裙位、山膀立腕位、扶胸位等。

2.手臂动作

绕腕：手腕向里或向外绕动一圈，分慢绕和快绕两种。

摊手：手心向上，从里向外打来。

3.脚位

正步位：双脚并拢，脚尖朝前。

踏步位：前脚向外打开，后脚脚掌点地，略屈膝。

点步位：一只脚支撑，另一只脚在前侧、旁侧或后侧脚尖点地。

（四）舞蹈组合

维吾尔族舞蹈组合训练见表 5-16。

维吾尔族舞蹈组合训练　　　　　表 5-16

训练内容	图示
准备动作： 身体朝向 5 点方向蹲，背对，右手 3 位手位，左手扶头，左脚旁点地（图 5-44）	 图 5-44
训练动作 1： 1～4 拍：往左转身，上左脚踏步，双手撩手绕腕。 4～8 拍：并右腿半蹲，右手持玫瑰花推出 [图 5-45a）、b）]	  图 5-45 a） b）
训练动作 2： 1～4 拍：动脖，慢慢起身（图 5-46）。 5～8 拍：上右脚踏步	 图 5-46

续上表

训练内容	图示
训练动作 3： 1~4 拍：身体朝 2 点方向，双手穿手，左脚踮步（图 5-47）。 5~8 拍：上右脚，往左侧转 1 圈，双手 3 位手位打开，左腿在前半蹲	 图 5-47
训练动作 4： 1~4 拍：站直，右手 3 位手位，右腿在前，左脚点地 [图 5-48a)]。 5~8 拍：保持姿势，左脚点地 2 次 [图 5-48b)]	 a)　　b) 图 5-48
训练动作 5： 1~8 拍：身体重心移至左脚，右脚踮步左转，左手 3 位手位，右手持玫瑰花绕头推出 [图 5-49a)]。 1~8 拍：身体朝 3 点方向，重心移至右脚，双手往里绕手，下胸腰 [图 5-49b)、c)]	 a)　　b)　　c) 图 5-49
训练动作 6： 1~2 拍：往右转身。 3~8 拍：双腿跪地，往里绕手，动脖子，从 8 点方向到 1 点方向 [图 5-50a)、b)]	 a)　　b) 图 5-50
训练动作 7： 1~2 拍：往里绕，看向 1 点方向 [图 5-51a)]。 3~8 拍：往外绕手动脖子，双手打开 7 位手位，上右脚起身 [图 5-51b)]	 a)　　b) 图 5-51

续上表

训练内容	图示
训练动作 8： 1~4 拍：并左腿，往右自转 1 圈，右手 3 位手位，左手胸前，右腿前，左腿旁点地，左手朝 2 点上方推出 [图 5-52a)、b)]。 5~8 拍：往左转 1 圈，双手穿手	 a)　　　b) 图 5-52
训练动作 9： 1~4 拍：半蹲，右手持玫瑰体前，左手 7 位手位 [图 5-53a)]。 5~8 拍：左脚带领向后撤 4 步，慢慢立脚尖，动脖子 [图 5-53b)]	 a)　　　b) 图 5-53
训练动作 10： 1~4 拍：双手 7 位手位穿手，右脚踏步向前（图 5-54）。 5~6 拍：并腿往右转 1 圈，双手点肩。 7~8 拍：跪地，身体朝 8 点方向，右手推出	 图 5-54
训练动作 11： 1~8 拍：跪地，身体由 8 点方向转到 1 点方向，动脖子，闻花（图 5-55）	 图 5-55
训练动作 12： 1~2 拍：站起转身背冲，双手打开 7 位手位（图 5-56）。 7~8 拍：向后跑位	 图 5-56

续上表

训练内容	图示
训练动作 13： 1～6拍：往左自转，绕手 [图5-57a)]。 7～8拍：身体朝向5点方向，双手3位手位，下胸腰造型 [图5-57b)]	 a) b) 图 5-57

四、朝鲜族舞蹈

（一）风格特点

朝鲜族是个能歌善舞的民族，其舞蹈文化具有迁徙文化的特点。朝鲜族把鹤作为长寿、幸福的象征，通过动作模仿，逐渐形成朝鲜族舞蹈飘逸、潇洒、含蓄的风韵，体现出"和谐""谦让""含蓄""起伏""张弛"的审美特征。朝鲜族舞蹈在少数民族舞蹈中难度较大，舞蹈动作即使是群众舞蹈也常具有表演性和舞蹈技巧。其代表性的舞蹈形式有古格里、安旦、扇子舞、长鼓舞、假面舞等。

（二）基本体态

朝鲜族舞蹈的基本体态为围、拧、含、曲、圆式"S"曲线体态。

（三）基本动作

1.手位

食指、中指自然伸直，无名指和拇指接近。

垂下手：双臂自然下垂，前臂和双手内侧贴近身体。

横手：双臂向两旁抬起，与地面平行。

斜上手：在横手的基础上，前臂向上抬45°。

顶手：在斜上手的基础上，两肘和手腕向里弯曲，呈手心对外、手指相对的圆形。

扛手：双手上举，手肘弯曲，手心向上。

前手：在扛手的基础上，手心向前推直，双臂与肩平。

斜下手：双手在胯旁做提裙动作。

2.脚位：小八字步位

基础位：一只脚脚尖朝斜前方，另一只脚在后膝盖处略弯，脚尖点地。

丁字步位：八字位，一只脚的脚跟靠于另一只脚脚窝。

（四）舞蹈组合

朝鲜族舞蹈组合训练见表5-17。

模块五 形体操课训练

朝鲜族舞蹈组合训练　　　　表 5-17

训练内容	图示
准备动作： 背对，身体朝向 5 点方向，头朝向 4 点方向，左手拉裙在右胯前，右手在右后背手，右手前点地，左腿为主力腿，膝盖放松（图 5-58）	图 5-58
训练动作 1： 1～8 拍：保持准备动作上下呼吸起伏 1 次 [图 5-59a ）]。 1～4 拍：上右脚左转身，左手打开成 7 位手位，上下呼吸 1 次 [图 5-59b ）]。 5～8 拍：右腿旁迈步，左脚前踏步，双手打开 7 位手位，呼吸左手收前，右手 7 位手位，身体朝向 8 点方向 [图 5-59c ）、d ）]	a)　　b) c)　　d) 图 5-59
训练动作 2： 1～4 拍：左腿旁迈，右脚踏步后撤，左手打开，呼吸 [图 5-60a ）]。 5～6 拍：重心移至右腿，起伏呼吸 1 次 [图 5-60b ）]。 7～8 拍：左右移动重心，呼吸 1 次，双手打开	a)　　b) 图 5-60
训练动作 3： 1～2 拍：放松，身体重心移至左腿，双手收在右侧 [图 5-61a ）]。 3～4 拍：左手带领划至 3 位手位，扛手，呼吸起伏 1 次，身体朝向 8 点方向，右手拉裙 [图 5-61b ）]	a)　　b) 图 5-61

续上表

训练内容	图示
5～6拍：双手收左侧起伏1次 [图5-61c)]。 7～8拍：右手带领至3位手位，扛手，身体朝向2点方向起伏1次 [图5-61d)、e)]	 c)　d)　e) 图5-61
训练动作4： 1～4拍：左手拉裙，右手扛手推出，呼吸1次 [图5-62a)]。 5～8拍：上左脚，左手带领，右手拉裙，往左侧转3圈，双手打开7位手位，重心移至右腿 [图5-62b)、c)]	 a)　b)　c) 图5-62
训练动作5： 1～4拍：双手7位手位，呼吸1次，前旁画左脚，呼吸，前旁画右脚，呼吸 [图5-63a)]。 5～8拍：重心移至左脚，右手单扛手，呼吸，右手穿手收右脚向右转身，身体朝向5点方向 [图5-63b)、c)]	 a)　b)　c) 图5-63
训练动作6： 1～2拍：撤左脚拉裙，呼吸1次。 3～4拍：撤右脚拉裙，呼吸1次 [图5-64a)]。 5～8拍：上左脚，上右脚，左脚，右脚，右手提压，呼吸，往右自转1圈 [图5-64b)]	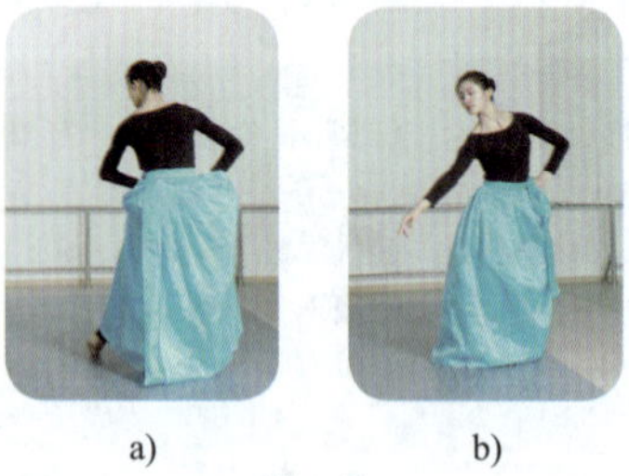 a)　b) 图5-64
训练动作7： 1～2拍：撤左脚踏步，双手打开，左侧手扛手 [图5-65a)]。 3～4拍：身体重心移至右脚，右侧手扛手 [图5-65b)]。 5～8拍：并腿，双手拉开呼吸1次	 a)　b) 图5-65

续上表

训练内容	图示
训练动作 8： 1~8 拍：呼气，双手画下，身体重心移至右脚，左脚点地，右手点肩，左手拉裙造型 [图 5-66a)、b)]	a)　b) 图 5-66

实训任务

实训内容：以组为单位选一种民族舞蹈组合进行展示表演。

实训要求：

（1）全员参与。

（2）至少有 3 个队形变化。

（3）动作整齐、优美。

配合民族舞音乐进行舞蹈组合展示表演，达到训练效果。民族舞组合效果训练测评表见表 5-18。

民族舞组合训练效果测评表　　　表 5-18

序号	检测内容	检测标准	自评（5 分制）	互评（5 分制）
1	舞蹈动作	动作规范、整齐、到位		
2	舞蹈节奏	动作合拍、节奏感强		
3	舞蹈风格	表情好、风格特征明显		
总分				

1. 跳民族舞蹈应该带着什么样的表情？（在括号内画"√"）

奔放（　　）　热情（　　）　快乐（　　）　含蓄（　　）

沮丧（　　）无表情（　　）

2. 少数民族的舞蹈服饰具有什么特点？

3. 简述一个少数民族舞蹈的风格特点并展示一个少数民族舞蹈动作。

4. 练习所给舞蹈组合，并在舞蹈组合的基础上配合相应音乐完成这种舞蹈的小剧目。

知识拓展

旅途健身操

俗话说得好:"身体是革命的本钱,健康是永久的财富。"家庭、事业、财富等的数字都是"0",健康就是"0"前面的那个"1",一旦没有了"1",那么后面的"0"再多也是无用的。长途旅行很累、脚容易肿胀,长时间保持坐姿还容易造成脑部供氧不足,头脑昏沉。在座位上做做操,可以使身体神清气爽。我们为旅客和乘务人员设计了在特定环境、时间、需求下的一种运动健身方式,针对旅客长时间坐飞机或火车旅途疲惫、腿脚容易肿胀的实际情况,将缓解肌肉、筋骨等疲劳的有效方法融入其中,研究推出了旅途健身操,乘务员可以带着旅客做旅途健身操,扭扭脖子、转转腰,以缓解旅途疲劳。在旅途中运动虽然不能达到立竿见影的健身奇效,但至少能让旅客活动筋骨、放松心情。旅途健身操经过试验,确实受到旅客的青睐。

有了健康,才会拥有幸福美满的生活;有了健康,才会拥有充满阳光的世界;有了健康,才能快乐地工作。把握每一次可以运动的机会,坚持下来,你的"1"后面的"0"一定会越来越多。

旅途健身操训练动作见表5-19。

旅途健身操训练　　　　　　　　　　　　　　　表5-19

准备姿势	训练内容	图示
坐姿,上身挺直,双腿并拢,坐在椅面2/3处	手臂动作: 1~8拍:双臂两侧伸直,双手五指张开,握拳;两拍出,两拍回,2个8拍[图5-67a)、b)]。 1~8拍:双手握拳手心相对,两拍向外翘,两拍向里扣,2个8拍[图5-67c)、d)]。 1~8拍:右手手心朝上直臂抬起,指尖向下压,左手辅助右手拉伸,保持2个8拍[图5-67e)]。 1~8拍:双手交叉外翻手,手心朝外,保持2个8拍。 左手重复上述两个动作[图5-67f)]	a) b) c) d) e) f) 图5-67

续上表

准备姿势	训练内容	图示
坐姿，上身挺直，双腿并拢，坐在椅面2/3处	头部动作： 1～8拍：头部向右倒头［图5-68a）］。 1～8拍：头部向左倒头［图5-68b）］。 1～8拍：头部向右平转头［图5-68c）］。 1～8拍：头部向左平转头［图5-68d）］	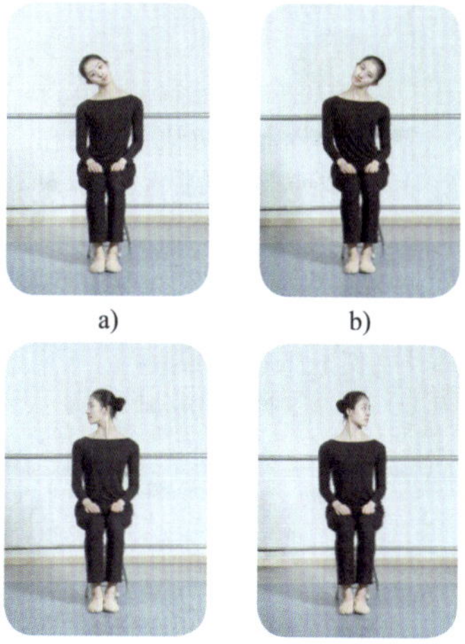 a) b) c) d) 图5-68
	肩胸部动作： 1～8拍：双手交叉向上推手仰头，2个8拍［图5-69a）］。 1～8拍：双手背后交叉手伸直，2个8拍［图5-69b）］	 a) b) 图5-69
	腰背部动作（二维码视频17）： 1~8拍：右手旁抬至头顶，屈右臂到颈椎下方，左手轻压右手肘关节，保持2个8拍，手臂还原。反方向重复动作［图5-70a）、b）］。 1~8拍：双手交叉伸直前推手低头，保持2个8拍。反方向重复上述两个动作［图5-70c）］。 1~8拍：髋关节不动，上身向右侧转体，保持2个8拍［图5-70d）］。 1~8拍：髋关节不动，上身向左侧转体［图5-70e）］。反方向重复整套动作 二维码视频17	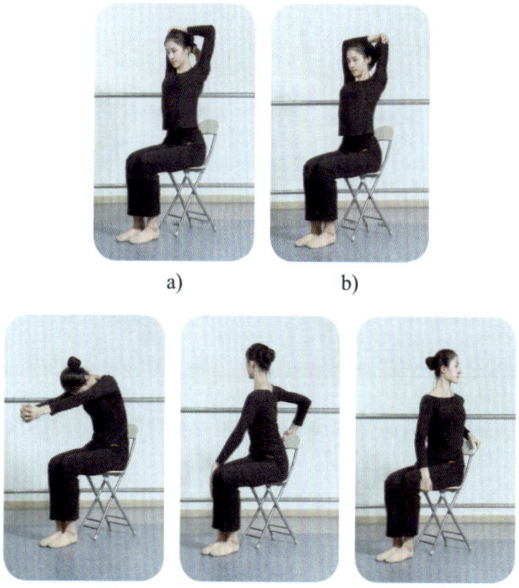 a) b) c) d) e) 图5-70

续上表

准备姿势	训练内容	图示
坐姿，上身挺直，双腿并拢，坐在椅面 2/3 处	腿部动作（二维码视频 18）： 1 ~ 8 拍：两拍一个动作，右脚抬脚跟、抬脚掌、落脚跟、落脚掌［图 5-71a）、b）］。 1 ~ 8 拍：左脚动作相同。 1 ~ 8 拍：勾右脚脚尖［图 5-71c）］。 1 ~ 8 拍：勾左脚脚尖。 1 ~ 8 拍：两拍一个动作，双脚抬脚跟，抬脚掌，落脚跟，落脚掌［图 5-71d）、e）］。 1 ~ 8 拍：双手抱腿吸右腿，勾绷脚一次［图 5-71f）］。 1 ~ 8 拍：向外侧转脚踝 3 圈，腿部还原。 1 ~ 8 拍：双手抱腿吸左腿，勾绷脚一次。 1 ~ 8 拍：向外侧转脚踝 3 圈，腿部还原 二维码视频 18	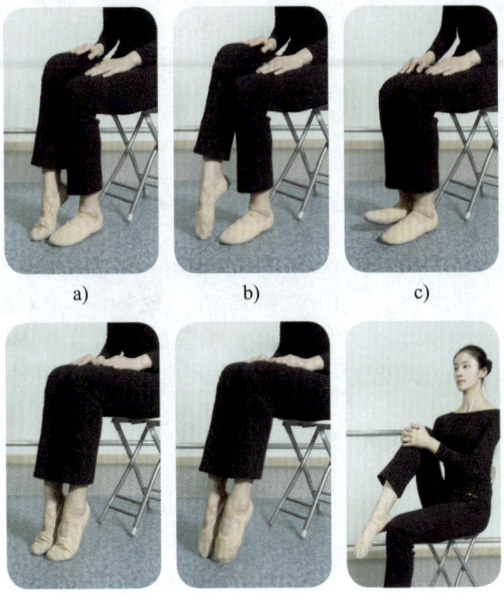 a) b) c) d) e) f) 图 5-71

模块六 形体矫正训练

小李由于婴儿时期过早站立,导致形成"O"形腿。入学后,小李看到同学的腿形都很好看,非常自卑。形体课何老师觉察了小李的想法,课后将她留下开导,并告知她改善"O"形腿的方法。知道了形体矫正训练(图6-1)方法后的小李,通过坚持不懈的努力,终于改善了腿形。

图6-1 形体矫正训练

模块知识

遗传、生活习惯等种种原因，导致了人的身体骨骼及肌肉发展不平衡，甚至趋于畸形，这对人的生活造成了诸多不良影响。因此，矫正、改善不平衡的身体形态是服务类相关人员的必修课之一。

一、形体矫正训练的主要内容

（一）头、肩、胸矫正

由于信息化时代的到来，不良的生活习惯易导致人体头、肩、胸等部位的不平衡形态，本模块单元一正是针对此类情况进行介绍，形体矫正训练可以提升骨骼的支撑能力，改善头、肩、胸等部位的不良形态。头、肩、胸等部位常见的不良形态有歪头、含胸、溜肩、高低肩、鸡胸等，针对这类身体形态，单元一主要采用转头、拉伸颈部侧肌、绕肩、压肩、倒甩肩、耸肩、平板支撑、倒立、对侧触脚尖、对侧触脚跟、交替式仰卧起坐、双腿前翻式、含胸等13种方式来进行矫正。

（二）脊柱矫正

较为常见的脊柱的不良形态为脊柱侧凸、驼背、塌腰等，这类脊柱不良形态会给人一种松懈、慵懒的感觉，必须通过侧面拉伸、上身横拧、地面踢旁腿、胸腰后展、头尾起、胸肩伸展、靠墙蹲坐、卷腹、吸腿、左右手摸脚跟等10种具有针对性的方式来进行矫正。矫正训练可提高肌肉的支撑能力，降低脊椎的压力，从而改善脊柱的不良形态，达到提升气质的效果。

（三）手臂矫正

手臂的不良形态影响着人体身材的美感。手臂的不良形态主要是由先天遗传、不良日常生活习惯等原因造成的。常见的手臂不良形态有松弛型、肌肉型、骨骼发育不平衡型等。其中，松弛型手臂需锻炼肌肉，使得皮肤紧致；肌肉型手臂需先减脂再塑形；骨骼发育不平衡型手臂需通过锻炼周围肌肉群来得以改善。单元三主要通过举重物、花式俯撑、单手侧撑、手臂画圈、交替式俯卧撑等5种方式来进行矫正。

（四）腿形矫正

不良的腿形会影响美观，而良好的腿形不仅能使体形健美，还能为身体的健康打下基础。较为常见的不良腿形有"O"形腿、"X"形腿、"Y"形腿，单元四针对这些不良腿形，通过"W"坐式提沉、夹纸蹲起、内扣下蹲、芭蕾1位脚位蹲、压小胯、"卧鱼"卷腰、"十字"行进踢腿、并腿上踢等8种方式来进行矫正，从而增强腿部肌肉能力，改善腿形，提升腿部美感。

（五）脚位矫正

不良行走习惯、婴幼儿时期过早站立、腿部肌肉力量薄弱等会造成不良的脚位形态，较为常见的是"内八字脚"和"外八字脚"。单元五主要通过脚腕环绕、1位脚位立脚尖、2位脚位站立、开合脚跟、直线行走等5种方式来改善不良脚位形态。

二、形体矫正训练的自我监控

形体矫正训练的自我监控的目的在于掌握正确的方式方法，改善身体不良形态。形体矫正训练的自我监控主要从运动强度和身体形态两个方面进行监控。

（一）运动强度监控

形体矫正训练的目的是增强肌肉和骨骼的支撑能力，改善不良身体形态，如训练强度过大，肌肉能力超负荷后，容易造成损伤。因此，初学者应根据指导方法，逐渐增加训练强度，循序渐进地训练。在形体矫正训练过程中，除教师的指导外，还可通过计算心率的方式来自我监控运动强度。计算时将手放于左胸口，记下 15s 内的心跳次数，再乘以 4，得出 1min 心跳次数，详细参考标准如下，但心脏病患者不能参考此标准。

（1）正常心率：60～100 次/min。

（2）运动心率上限：（220－现在年龄）×0.8。

（3）运动心率下限：（220－现在年龄）×0.6。

（二）身体形态监控

形体矫正是一个漫长的改善形体过程，训练初期并不能看出大的变化，但根据测量可发现微小的变化，这样有助于提高学生的信心和积极性。每周对四围（肩围、胸围、腰围、臀围）进行一次测量。每次测量须在同一个围度上。以下介绍较为常见的四围测量方法。

（1）肩围：身体直立，找到肩部连接手臂处最突出的骨头，量尺围绕肩膀一整圈，记录数据。

（2）胸围：量尺围绕胸部中段平行一圈，记录数据。

（3）腰围：量尺围绕腰部中段最细处平行一圈，记录数据。

（4）臀围：量尺围绕臀部中段平行测量一圈，记录数据。

模块计划

一、训练计划

形体矫正训练及饮食安排见表 6-1。

形体矫正训练及饮食安排　　表 6-1

时间	训练安排	饮食安排
周一	60min 形体矫正	训练日饮食
周二	休息	平时饮食
周三	60min 形体矫正	训练日饮食
周四	休息	平时饮食
周五	60min 形体矫正	训练日饮食
周六	休息	平时饮食
周日	60min 形体矫正	训练日饮食

二、训练时间分配

形体矫正训练时间分配：总时长为 60min。

头、肩、胸矫正：时长为 20min。

脊柱矫正：时长为 10min。

手臂矫正：时长为 10min。

腿形矫正：时长为 10min。

脚位矫正：时长为 10min。

三、训练周期

形体矫正训练时间上须安排合理；形体矫正需要长期坚持训练，训练间隔时间不宜超过一天，一周至少训练 4 次。

四、饮食建议

形体矫正训练饮食建议见表 6-2。

形体矫正训练饮食建议　　　　　表 6-2

			说明
早餐（满满能量）	7:00	1 个鸡蛋、1 碗粥或脱脂牛奶、3~5 片面包	（1）训练日饮食：训练前后 1h 内不能就餐，训练前后 0.5h 内不能饮水。 （2）平时：少食多餐
训练（痛快流汗）	9:00	加油训练吧！	
加餐（好心情，无限量）	10:30	适量黑巧克力和 1 个苹果	
午餐（维持热量）	12:00	1 碗米饭、适量牛肉或鸡肉、芹菜或黄瓜	
加餐（好心情，无限量）	15:00	适量水果、坚果、奶制品	
晚餐（健康适量）	18:00	1 小碗米饭或适量面条、鱼肉、水煮蔬菜	
就寝（准备休息）	22:00	晚安，好梦！	

单元一　头、肩、胸矫正

1. 改善上身不平衡体态。
2. 基本掌握头、肩、胸的矫正方法。

一、"歪头"矫正训练

"歪头"主要由不良日常生活习惯、颈部支撑力量不均匀等原因造成。

"歪头"矫正训练见表 6-3。

"歪头"矫正训练　　　　　　　表 6-3

准备姿势	训练内容	图示
脚小八字位站立，双手叉腰	训练动作 1：转头 1～4 拍：低头到极限位置 [图 6-2a）]。 5～8 拍：回正。 1～4 拍：抬头到极限位置 [图 6-2b）]。 5～8 拍：回正。 1～4 拍：向左边倒头到极限位置。 5～8 拍：回正。 1～4 拍：向右边倒头到极限位置。 5～8 拍：回正。 1～8 拍：头从左至右绕圈。 1～8 拍：头从右至左绕圈	a)　　　b) 图 6-2
双脚打开，与肩同宽，双手叉腰	训练动作 2：拉伸颈部侧肌（此动作用于向"歪头"严重一侧的反面拉伸，以向左歪头为例） 1～4 拍：左手保持叉腰，右手手指扶于头左侧。 5～8 拍：向右倒头的同时，右手加大力度按压（图 6-3）。 1～8 拍：保持不动。 1～4 拍：头回正。 5～8 拍：右手收回叉腰位置	图 6-3

二、"含胸"矫正训练

"含胸"主要由先天遗传、不良日常生活习惯、背部肌肉僵硬等原因造成。"含胸"矫正训练见表6-4。

"含胸"矫正训练　　　　　　　　　　　　　　　　　　　　　　　　表6-4

准备姿势	训练内容	图示
脚小八字位站立，双手叉腰	训练动作1：绕肩 1～4拍：双肩向前夹（图6-4）。 5～8拍：双肩向上耸。 1～4拍：双肩向后夹。 5～8拍：双肩向下沉。 1～4拍：双肩向后夹。 5～8拍：双肩向上耸。 1～4拍：双肩向前夹。 5～8拍：双肩向下沉。 1～2拍：在之前动作基础上，速度加快一倍，双肩向前夹。 3～4拍：双肩向上耸。 5～6拍：双肩向后夹。 7～8拍：双肩向下沉。 1～8拍：反向绕肩1次	图6-4
双脚打开，与肩同宽，双手至3位手位交叉手（图6-5）	训练动作2：压肩 1～4拍：向后压。 5～8拍：还原至准备动作。 1～8拍：同前一个8拍动作。 1～8拍：速度加快一倍，2拍下，2拍起，做4次。 1～8拍：速度加快一倍，1拍下，1拍起，做8次	图6-5
双脚打开，与肩同宽，双手放于身体两侧	训练动作3：倒甩肩 1～4拍：双手相握于身后。 5～8拍：下前腰，注意上身挺直往下压（图6-6）。 1～8拍：双手反向往地面甩，1拍1次，做8次。 1～8拍：同前动作。 1～4拍：上身直立。 5～8拍：双手松开，放于身体两旁	图6-6

三、"溜肩"矫正训练

"溜肩"主要由肩部和肩胛骨范围的肌肉群力量薄弱、松弛等原因造成。

"溜肩"矫正训练见表 6-5。

"溜肩"矫正训练　　　　　　　　　　　　　表 6-5

准备姿势	训练内容	图示
脚小八字位站立，双手叉腰	训练动作 1：耸肩 1～4 拍：吸气，双肩向上耸肩到极限位置（图 6-7）。 5～8 拍：呼气，双肩用力下沉。 1～8 拍：同前一个 8 拍动作。 1～8 拍：速度加快一倍，2 拍耸，2 拍沉，做 4 次。 1～8 拍：同上动作	图 6-7
双手屈肘关节，前臂紧贴地面，上臂与前臂成 90° 角，膝盖着地	训练动作 2：平板支撑 1～8 拍：膝盖伸直，前半脚掌勾脚点于地面上，身体成一直线（图 6-8）。 1～8 拍：同上动作。 1～8 拍：同上动作。 1～8 拍：同上动作。 1～8 拍：同上动作。 1～8 拍：还原至准备动作	图 6-8
双脚并拢，双手自然垂放于身体两侧，面对墙，离墙 20cm 左右	训练动作 3：倒立 1～4 拍：左脚向前上步，重心在前，右脚脚尖点地，双手上举，与肩同宽。 5～8 拍：左腿屈膝，用力往上蹬，右腿倒踢，靠在墙面上，左腿紧跟右腿靠于墙面，双手伸直撑于地面、双腿膝盖伸直，腰部直立（图 6-9）。 1～8 拍：保持不动。 1～8 拍：保持不动。 1～4 拍：右脚先落地，左脚紧跟落于地面，双手上举，与肩同宽。 5～8 拍：双手放下，双脚并拢	图 6-9

四、"高低肩"矫正训练

"高低肩"主要由先天发育、不良日常生活习惯、不良阅读书写习惯等原因造成。

"高低肩"矫正训练见表 6-6。

"高低肩"矫正训练　　　　　　　　　　　表 6-6

准备姿势	训练内容	图示
双脚打开，与肩同宽，双手自然垂放于身体两侧	训练动作 1：对侧触脚尖 1～4 拍：双手侧平举。 5～8 拍：下前腰，右手触碰左脚脚尖，左手朝斜上方，与右手成一条直线，头看右手（图 6-10）。 1～4 拍：身体直立，双手侧平举。 5～8 拍：下前腰，左手触碰左脚脚尖，右手朝斜上方，与左手成一条直线，头看左手。 1～4 拍：同第 1 个 8 拍动作。 1～4 拍：同第 1 个 8 拍动作。 1～4 拍：身体直立，双手侧平举。 5～8 拍：双脚并拢，双手放于身体两侧	图 6-10
双脚打开，与肩同宽，双手自然垂放于身体两侧	训练动作 2：对侧触脚跟 1～4 拍：双手侧平举。 5～8 拍：下后腰，右手触碰左脚脚跟，左手朝斜上方，与右手成一条直线，头看右手（图 6-11）。 1～4 拍：身体直立，双手侧平举。 5～8 拍：下后腰，左手触碰左脚脚跟，右手朝斜上方，与左手成一条直线，头看左手。 1～8 拍：在第 1 个 8 拍动作的基础上，速度加快一倍，2 拍触脚跟，2 拍还原。 1～8 拍：同上动作。 1～4 拍：身体直立，双手侧平举。 5～8 拍：双脚并拢，双手放于身体两侧	图 6-11

五、"鸡胸"矫正训练

"鸡胸"主要是由先天发育、不良日常生活习惯、缺钙等原因造成。

"鸡胸"矫正训练见表 6-7。

"鸡胸"矫正训练

表 6-7

准备姿势	训练内容	图示
双手抱头，平躺	训练动作1：交替式仰卧起坐 1～2拍：卷腹，右手肘关节碰左腿膝盖（图6-12）。 3～4拍：还原至准备动作。 5～6拍：卷腹，左手肘关节碰右腿膝盖。 7～8拍：还原至准备动作。 1～8拍：同上动作	 图6-12
平躺，双手放于身体两侧	训练动作2：双腿前翻式 1～4拍：双手撑于后腰，肩肘倒立，双腿膝盖弯曲。 5～8拍：双腿膝盖伸直。 1～8拍：落地至头顶方向，膝盖伸直[图6-13a)]。 1～4拍：屈膝、卷腹、团身[图6-13b)]。 5～8拍：双腿伸直。 1～4拍：肩肘倒立。 5～8拍：双腿放下，落于地面，双手回到身体两侧	 a)  b) 图6-13
双脚打开，与肩同宽，双手自然垂放于身体两侧	训练动作3：含胸 1～4拍：吐气含胸，双手伸直，手腕处相靠，低头（图6-14）。 5～8拍：保持不动。 1～8拍：胸腰、双肩向后展开。 1～4拍：吐气含胸，双手手腕处相靠。 5～8拍：保持不动。 1～8拍：还原至准备姿势	 图6-14

 **实训任务**

实训内容：根据训练动作，配合口令或音乐完成组合。

实训要求：

（1）分2组进行比赛。

（2）动作标准。

（3）配合动作调整呼吸。

每组同学配合音乐将上身（头、肩、胸）矫正训练的动作进行展示，达到训练效果。头、肩、胸矫正训练效果测评表见表6-8。

头、肩、胸矫正训练效果测评表　　　　　表6-8

序号	检测内容	检测标准	自评（5分制）	互评（5分制）
1	转头	动作幅度大、有拉伸感		
2	拉伸颈部侧肌	动作幅度大、有拉伸感		
3	绕肩	动作幅度大		
4	压肩	动作幅度大、有拉伸感		
5	倒甩肩	动作幅度大、有拉伸感		
6	耸肩	动作幅度大		
7	平板支撑	时间持久		
8	倒立	时间持久		
9	对侧触脚尖	数量达标		
10	对侧触脚跟	数量达标		
11	交替式仰卧起坐	数量达标		
12	双腿前翻式	肩肘控制能力		
13	含胸	动作幅度大		
总分				

 思考练习

1."鸡胸"矫正还有什么训练办法？

2.练习平板支撑10min以上。

单元二 脊柱矫正

1. 基本掌握脊柱矫正训练动作。
2. 平衡脊柱形态。

一、脊柱侧凸矫正训练

脊柱侧凸主要是由先天遗传、不良日常生活习惯、脊柱一侧负担过重等原因造成。

脊柱侧凸矫正训练见表6-9。

脊柱侧凸矫正训练　　　　　　　　　　表6-9

准备姿势	训练内容	图示
双脚打开，与肩同宽，双手侧平举，呈"大字"状	训练动作1：侧面拉伸 1～2拍：向左弯腰，双手随腰部弯曲向左倒，成一条竖线（图6-15）。 3～4拍：还原至准备动作。 5～8拍：同前4拍动作。 1～2拍：向右弯腰，双手随腰部弯曲向右倒，成一条竖线。 3～4拍：还原至准备动作。 5～8拍：同前4拍动作	图6-15
坐在地面上，右腿向前伸直，左腿屈膝放于右腿膝盖右侧，双手小7位手位	训练动作2：上身横拧（二维码视频19） 1～4拍：保持不动。 5～8拍：上身向左横拧，右手抱住左腿膝盖借力，拧身到极限位置（图6-16）。 1～8拍：同第1个8拍动作。 1～4拍：左腿伸直，右腿屈膝放于左腿膝盖左侧。 5～8拍：上身向右横拧，左手抱住右腿膝盖借力，拧身到极限位置。 1～4拍：保持不动。 5～8拍：上身向右横拧，左手抱住右腿膝盖借力，拧身到极限位置 二维码视频19	图6-16

续上表

准备姿势	训练内容	图示
侧躺在地面上，右手伸直，左手屈前臂撑于地面，膝盖伸直，绷脚背，头、身体、腿成一条直线[图6-17a)]	训练动作3：地面踢旁腿（以脊柱向左侧凸为例） 1～4拍：第1拍左腿往耳朵方向踢旁腿，第2～4拍控制腿部肌肉慢慢落下，至双腿夹紧[图6-17b)]； 5～8拍：同前动作。 1～8拍：同第1个8拍动作。 准备拍5～8拍：翻身至反方向。 1～4拍：第1拍右腿往耳朵方向踢旁腿，第2～4拍控制腿部肌肉慢慢落下，至双腿夹紧。 5～8拍：同前动作。 1～8拍：同第1个8拍动作	a) b) 图6-17

二、驼背矫正训练

驼背主要由不良日常生活习惯、胸椎后突等原因造成。

驼背矫正训练见表6-10。

驼背矫正训练　　　　　表6-10

准备姿势	训练内容	图示
脚小八字位站立，双手放于身体两侧	训练动作1：胸腰后展 1～8拍：上身向后下胸腰，头看天花板，双手后摆（图6-18）。 1～8拍：还原至准备动作。 1～8拍：上身向后下胸腰，头看天花板，双手后摆。 1～8拍：还原至准备动作。 1～8拍：上身向后下胸腰，头看天花板，双手后摆。 1～8拍：保持不动。 1～8拍：保持不动。 1～8拍：还原至准备动作	图6-18

续上表

准备姿势	训练内容	图示
趴于地面上，双腿并拢，双手向前伸直	训练动作2：头尾起 1~4拍：手脚同时离地，往中心点夹（图6-19）。 5~8拍：还原至准备动作。 1~8拍：同第1个8拍动作	图6-19
双脚打开，与肩同宽，双手手指相扣，上举于头顶	训练动作3：胸肩伸展 1~4拍：第1拍手往后压，尽量不要弯曲，胸往前挺，第2~4拍保持不动（图6-20）。 5~8拍：还原至准备动作。 1~8拍：同第1个8拍动作。 1~8拍：第1拍手往后压，尽量不要弯曲，胸往前挺，第2~7拍手掌后延伸。 1~8拍：还原至准备动作。 1~8拍：第1拍手往后压，尽量不要弯曲，胸往前挺，第2~7拍手掌后延伸。 1~8拍：还原至准备动作	图6-20

三、塌腰矫正训练

塌腰主要由不良日常生活习惯、腹部肌肉薄弱、腰部柔韧性较好等原因造成。

塌腰矫正训练见表6-11。

塌腰矫正训练　　　　　表6-11

准备姿势	训练内容	图示
双脚打开，与肩同宽，站离墙面约两脚距离，双手放于身体两侧，上身躺靠墙面	训练动作1：靠墙蹲坐 1~8拍：屈膝下蹲至大小腿成90°角，身体始终贴于墙面（图6-21）。 1~8拍：同上动作。 1~8拍：同上动作。 1~8拍：还原至准备动作	图6-21

续上表

准备姿势	训练内容	图示
平躺于地面，双脚并拢，双手放于身体两侧	训练动作2：卷腹 1～8拍：卷腹停于25°，同时双腿抬至45°，低头，双手上抬至与双腿平行（图6-22）。 1～8拍：同上动作。 1～8拍：同上动作。 1～8拍：还原至准备动作	图6-22
坐于凳子1/3位置，后背立直，双脚离地25°，膝盖伸直	训练动作3：吸腿 1～4拍：双腿屈膝向上抬至最大幅度，绷脚（图6-23）。 5～8拍：还原至准备动作。 1～8拍：同第1个8拍动作	图6-23
躺在垫子上，屈膝，脚掌踩在地面上，双手放于身体两侧，手心朝下	训练动作4：左右手摸脚跟 1～4拍：侧腰发力，右手摸右脚脚跟（图6-24）。 5～8拍：还原至准备动作。 1～4拍：同侧腰发力，左手摸左脚脚跟。 5～8拍：还原至准备动作。 1～2拍：侧腰发力，右手摸右脚脚跟。 3～4拍：同侧腰发力，左手摸左脚脚跟。 5～8拍：同前4拍动作。 1～8拍：同前1个8拍动作	图6-24

实训任务

实训内容：根据训练动作，配合口令或音乐完成组合。

实训要求：

（1）分组进行比赛。

（2）动作标准。

（3）配合动作调整呼吸。

每组同学配合音乐展示脊柱矫正训练的动作，达到训练效果。脊柱矫正训练效果测评表见表6-12。

脊柱矫正训练效果测评表

表 6-12

序号	检测内容	检测标准	自评（5分制）	互评（5分制）
1	侧面拉伸	动作幅度大、训练位置有拉伸感		
2	上身横拧	动作幅度大、训练位置有拉伸感		
3	地面踢旁腿	动作幅度大、爆发力、训练位置有拉伸感		
4	胸腰后展	动作幅度大、训练位置有拉伸感		
5	头尾起	数量达标		
6	胸肩伸展	数量达标		
7	靠墙蹲坐	时间持久		
8	卷腹	时间持久		
9	吸腿	数量达标		
10	左右手摸脚跟	数量达标		
总分				

1. 举例说说生活中有哪些不良习惯会造成驼背？

2. 头尾起做 30 个以上。

思考练习

单元三 手臂矫正

 学习目标

1. 基本掌握手臂矫正训练动作。
2. 矫正手臂不平衡形态。
3. 能够增强手臂肌肉能力。

 单元训练

一、"蝴蝶袖"矫正训练

"蝴蝶袖"主要是由上臂肌肉松弛、缺乏锻炼等原因造成。

"蝴蝶袖"矫正训练见表6-13。

"蝴蝶袖"矫正训练　　　　　　　　　　　　　　表6-13

准备姿势	训练内容	图示
双脚打开，与肩同宽，双手握住哑铃或其他重物，前臂弯曲，紧贴胸前	训练动作1：举重物 1～4拍：双手向上伸直，尽力向上延伸（图6-25）。 5～8拍：还原至准备动作。 1～8拍：同前1个8拍动作。 1～4拍：右手向上伸直，向上延伸。 5～8拍：还原。 1～8拍：同前1个8拍动作。 1～4拍：左手向上伸直，向上延伸。 5～8拍：还原。 1～8拍：同前1个8拍动作	图6-25
双腿并拢，双臂伸直，俯撑于地面，身体成一条直线	训练动作2：花式俯撑 1～4拍：上身右翻，右手离开地面向上伸直，双手在一条直线上，头朝向右手。 5～8拍：身体回正，右手手掌穿进左手与身体之间，头看右手（图6-26）。 1～4拍：同第1～4动作。 5～8拍：还原至准备动作。 1～4拍：上身左翻，左手离开地面向上伸直，双手在一条直线上，头朝向左手。 5～8拍：身体回正，左手手掌穿进右手与身体之间，头朝向左手。 1～8拍：同前1个8拍动作	图6-26

二、"一臂粗、一臂细"矫正训练

"一臂粗、一臂细"主要由不良的日常生活习惯、左右手使用不均匀等原因造成。

"一臂粗、一臂细"矫正训练见表6-14。

"一臂粗、一臂细"矫正训练　　　　　　表6-14

准备姿势	训练内容	图示
侧坐于地面，细臂伸直撑于地面，粗臂贴于身体一侧，膝盖微屈，双脚脚腕交叉	训练动作1：单手侧撑（纠正细臂） 1~4拍：保持不动。 5~8拍：细臂发力，将身体撑离地面，双脚脚尖点地，粗臂向上伸直，头至脚尖成一条斜线（图6-27）。 1~8拍：同前1个8拍动作。 1~8拍：同前动作。 1~8拍：还原保持不动	图6-27
双脚打开，与肩同宽，双手贴于身体两侧，细臂握哑铃或其他重物	训练动作2：手臂画圈 1~8拍：细臂从前向后画圈，1拍画1圈，共8次（图6-28）。 1~8拍：同上动作。 1~8拍：同上动作。 1~8拍：同上动作	图6-28
双腿并拢，双臂伸直，俯撑于地面，身体成一条直线	训练动作3：交替式俯卧撑（二维码视频20） 1~2拍：右手屈前臂，左脚屈膝，弯曲的手脚同时离地碰触（图6-29）。 3~4拍：还原至准备动作。 5~8拍：同前4拍动作。 1~2拍：左手屈前臂，右脚屈膝，弯曲的手脚同时离地碰触。 3~4拍：还原至准备动作。 5~8拍：同前4拍动作 二维码视频20	图6-29

实训任务

实训内容：根据所给的训练动作，配合口令或音乐完成组合。
实训要求：
（1）分组进行比赛。
（2）动作标准。
（3）配合动作调整呼吸。

 训练检测

每组同学配合音乐展示手臂矫正训练的动作，达到训练效果。手臂矫正训练效果测评表见表 6-15。

手臂矫正训练效果测评表　　　　　　　　　　　表 6-15

序号	检测内容	检测标准	自评（5 分制）	互评（5 分制）
1	举重物	时间持久		
2	花式俯撑	数量达标		
3	单手侧撑	时间持久		
4	手臂画圈	数量达标		
5	交替式俯卧撑	数量达标		
总分				

思考练习

1. 生活中有哪些不良习惯会造成"一臂粗、一臂细"？

2. 花式俯撑做 20 个以上。

单元四　腿形矫正

1. 基本掌握腿部矫正训练动作。
2. 强化腿部肌肉力量。

一、"O"形腿矫正训练

"O"形腿矫正，如图 6-30 所示。

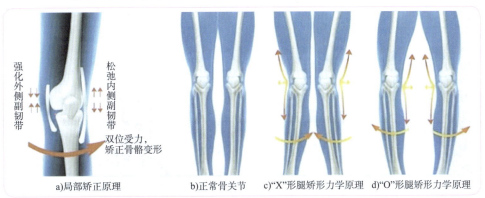

a) 局部矫正原理　　b) 正常骨关节　　c) "X"形腿矫形力学原理　　d) "O"形腿矫形力学原理

图 6-30　"O"形腿矫正

"O"形腿主要由先天遗传、婴幼儿时期过早行走、腿部肌肉能力薄弱等原因造成。

"O"形腿矫正训练见表 6-16。

"O"形腿矫正训练　　　　表 6-16

准备姿势	训练内容	图示
屈膝坐于垫子上，腿部、臀部紧贴地面，呈"W"形，后背直立，双手放于后腰位置	训练动作 1："W"坐式提沉 1~8 拍：沉气、含胸，头尽量往膝盖方向靠拢（图 6-31）。 1~8 拍：提气，上身从尾椎骨至头一节节地伸直。 1~8 拍：同第 1 个 8 拍动作。 1~8 拍：同第 2 个 8 拍动作	图 6-31

续上表

准备姿势	训练内容	图示
双腿并拢夹住一张或多张纸（纸张厚度视腿形而定），正步站立，双手放于背手	训练动作2：夹纸蹲起 1~4拍：膝盖并拢往下蹲，最大限度地蹲至不起脚后跟，过程中纸不能掉落（图6-32）。 5~8拍：膝盖伸直，过程中纸不能掉。 1~8拍：同第1个8拍动作。 1~8拍：同第1个8拍动作。 1~8拍：同第1个8拍动作	图6-32
双腿打开，与肩同宽，双脚内扣呈内八字，双手自然垂放于身体两侧	训练动作3：内扣下蹲 1~4拍：双腿屈膝下蹲，膝盖并拢，双手扶在膝盖上，身体微微前压（图6-33）。 5~8拍：还原至准备动作。 1~8拍：同第1个8拍动作。 1~8拍：同第1个8拍动作。 1~8拍：同第1个8拍动作	图6-33

二、"X"形腿矫正训练

"X"形腿主要是由先天遗传、不良坐姿、腿部肌肉能力薄弱、膝盖内旋等原因造成。

"X"形腿矫正训练见表6-17。

"X"形腿矫正训练　　　　表6-17

准备姿势	训练内容	图示
脚下芭蕾1位脚位站立，双手扶把或扶墙	训练动作1：芭蕾1位脚位蹲 1~4拍：腿部外旋，膝盖打开往下蹲，最大限度地蹲至不起脚跟，头部、颈部、腰背、骨盆保持在一条直线上（图6-34）。 5~8拍：膝盖伸直至大、小腿夹紧。 1~8拍：同第1个8拍动作。 1~8拍：腿部外旋，膝盖打开往下蹲，蹲至脚跟离地，头部、颈部、腰背、骨盆成一条直线。 1~8拍：膝盖伸直至大、小腿夹紧	图6-34

续上表

准备姿势	训练内容	图示
后背直立，坐在垫子上，双腿屈膝，脚掌相对，双手放在膝上	训练动作2：压小胯 1～4拍：身体前倾，同时双手用力向下压膝关节（图6-35）。 5～8拍：还原至准备动作。 1～8拍：同前1个8拍动作。 1～8拍：双手快速用力向下压膝关节，1拍1次，共8次。 1～8拍：同前1个8拍动作	 图6-35

三、"Y"形腿矫正训练

"Y"形腿主要是由先天遗传、腿部肌肉能力薄弱、骨关节异常等原因造成。

"Y"形腿矫正训练见表6-18。

"Y"形腿矫正训练　　　　表6-18

准备姿势	训练内容	图示
左腿从右腿前方往后绕，撇于右腿旁，坐于垫子上，双膝尽量上下对齐，双手背手	训练动作1："卧鱼"卷腰（以左卧鱼为例） 1～8拍：右手抱住左腿膝盖借力，腰部往左卷，头看上方（图6-36）。 1～8拍：还原至准备动作。 1～8拍：同第1个8拍动作。 1～8拍：还原至准备动作	 图6-36
脚小八字位站立，双手7位手位	训练动作2："十字"行进踢腿 1～4拍：右脚脚尖带动腿部，踢向左肩，脚尖点地（图6-37）。 5～8拍：左脚脚尖带动腿部，踢向右肩，脚尖点地。 1～8拍：同第1个8拍动作	 图6-37

续上表

准备姿势	训练内容	图示
坐满椅面2/3位置，上身微靠在椅背上，双腿屈膝，脚掌踩在地面上，双手撑放在椅子两侧扶手处	训练动作3：并腿上踢 1~8拍：双腿膝盖伸直，向上抬起，超过臀部水平线（图6-38）。 1~8拍：缓缓落下，还原为准备动作。 1~8拍：同第1个8拍动作。 1~8拍：同第2个8拍动作	图6-38

 实训任务

实训内容：根据训练动作，配合口令或音乐完成组合。

实训要求：

（1）分组进行比赛。

（2）动作标准。

（3）配合动作调整呼吸。

每组同学配合音乐展示腿形矫正训练的动作，达到训练效果。腿形矫正训练效果测评表见表6-19。

腿形矫正训练效果测评表　　　　　　表6-19

序号	检测内容	检测标准	自评（5分制）	互评（5分制）
1	"W"坐式提沉	动作幅度大		
2	夹纸蹲起	数量达标		
3	内扣下蹲	数量达标		
4	芭蕾1位脚位蹲	腿部外旋程度		
5	压小胯	时间持久		
6	"卧鱼"卷腰	动作幅度大		
7	"十字"行进踢腿	腿部控制能力和爆发力		
8	并腿上踢	控制力		
总分				

 思考练习

1.病理性和生理性的"X"形腿有哪些特征？

2.试在"W"坐式提沉训练中，小腿从始至终贴于垫子。

单元五 脚位矫正

学习目标

1. 基本掌握脚位矫正训练动作。
2. 增强末梢肌肉控制能力。

单元训练

一、"内八字脚"矫正训练

"内八字脚"主要由不良行走习惯、婴幼儿时期过早站立、腿部肌肉力量薄弱等原因造成。

"内八字脚"矫正训练见表6-20。

"内八字脚"矫正训练　　　　　　　　　　　　　　表6-20

准备姿势	训练内容	图示
双脚绷脚并拢伸直坐于垫子上,双手小7位手位	训练动作1：脚腕环绕 1~4拍：勾脚背至脚掌朝前（图6-39）。 5~8拍：双腿外旋。 1~4拍：绷脚背。 5~8拍：双脚并拢。 1~8拍：同第1个8拍动作。 1~8拍：同第2个8拍动作	图6-39
芭蕾1位脚位站姿,双手叉腰	训练动作2：1位脚位立脚尖 1~8拍：脚背一节节推离地面至半脚掌着地（图6-40）。 1~8拍：脚背一节节往下压至1位脚位。 1~8拍：同第1个8拍动作。 1~8拍：同第2个8拍动作。 1~8拍：1拍立脚尖,1拍压脚尖,做4次。 1~8拍：同前一个8拍动作	图6-40

续上表

准备姿势	训练内容	图示
芭蕾2位脚位站立，双手叉腰，后背挺直	训练动作3：2位脚位站立 1~8拍：芭蕾2位脚位站立，臀部收紧，5个脚趾张开，牢牢抓住地面（图6-41）。 1~8拍：同前一个8拍动作	 图6-41

二、"外八字脚"矫正训练

"外八字脚"主要由不良行走习惯、婴幼儿时期过早站立、腿部肌肉力量薄弱等原因造成。

"外八字脚"矫正训练见表6-21。

"外八字脚"矫正训练　　　　　　表6-21

准备姿势	训练内容	图示
双脚并拢站立，双手放于身体两侧	训练动作1：开合脚跟 1~4拍：脚尖靠拢，脚跟打开至倒八字（图6-42）。 5~8拍：还原至准备动作。 1~8拍：同第1个8拍动作。 1~8拍：同第1个8拍动作。 1~8拍：同第1个8拍动作	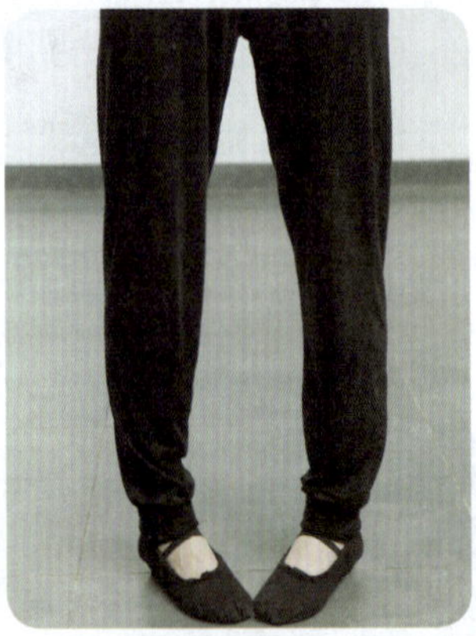 图6-42
	训练动作2：直线行走 1~8拍：依次迈左右脚，整个脚掌沿直线行走，1拍1次，共8次（图6-43）。 1~8拍：同第1个8拍动作。 1~8拍：同第1个8拍动作。 1~8拍：同第1个8拍动作	 图6-43

 **实训任务**

实训内容：根据训练动作，配合口令或音乐完成组合。

实训要求：

（1）分组进行比赛。

（2）动作标准。

（3）配合动作调整呼吸。

每组同学配合音乐展示脚位矫正训练的动作，达到训练效果。脚位矫正训练效果测评表见表6-22。

脚位矫正训练效果测评表　　　表6-22

序号	检测内容	检测标准	自评（5分制）	互评（5分制）
1	脚腕环绕	末梢肌肉控制能力		
2	1位脚位立脚尖	数量达标		
3	2位脚位站立	时间持久		
4	开合脚跟	数量达标		
5	直线行走	是否走成一条直线		
总分				

1. 芭蕾训练如何有效纠正"内八字脚""外八字脚"？

2. 练习：1位脚位立脚尖。

思考练习

> **知识拓展**

人体体形

  人体体形是对人体形状的总体描述和评定。体形与人体的运动能力及其他机能有一定的关系。影响体形的主要因素是先天遗传。除此之外，人体对环境的适应和人的行为等后天因素，也会使体形发生一定的变化。每个人的体形各不相同，常见的有以下5种：

  （1）长条形身材（简称"H"形）。"H"形类似甘蔗，属瘦条形。这类体形细长，显得单薄瘦弱，肌肉组织和皮下组织不发达。

  （2）标准身材，（简称"X"形）。"X"形类似葫芦，较为匀称。这类体形身体各部位大小的比例协调。

  （3）正三角身材，（简称"A"形）。"A"形类似梨子，上小下大。这类体形曲线明显，胯骨较为宽大，臀部与大腿较为丰满。

  （4）倒三角身材，（简称"T"形）。"T"形类似草莓，肩宽胯窄。这类体形肩部的骨骼较宽、肌肉比较发达，胯部骨骼较窄。追求健美男性常见此类体形。

  （5）椭圆形身材，（简称"O"形）。"O"形类似苹果，中段较宽。这类体形较为圆润，脂肪沉积较为丰富，身体中段宽大，曲线不明显。

模块七 形体仪态训练

小雅刚刚从学校毕业,准备参加心仪公司的面试。面容姣好、身材高挑的小雅,自信满满地来到面试现场,在考官面前只顾回答问题却忽略了仪态,结果遗憾地错失了这次机会……

模块知识

仪态泛指人们身体所呈现出的各种姿态，包括举止动作、神态表情等。在人际交往过程中，人们通过各种姿态的变化来表达思想感情、完成各项活动的，以此来展现个人的精神状态和文化涵养及独特形体魅力。

我们每个人都以一定的仪态（如站立的姿态、行走的步态、说话的语气语调、对人的态度等）展现在他人面前，体现为一举一动，一颦一笑。在人际交往过程中，正是通过这些外在的表现，我们可以判断出一个人的品格、学识、能力，以及其他方面的修养程度。仪态是一种综合美，是身体的相互协调的整体展现，它包括了一个人的内在素养与仪表。如果说容貌的美属于那些幸运的人，那么仪态的美则属于那些出色的人，因为仪态的美更富有永久的魅力。

一、仪态——无声的语言

在人际交往过程中，人们能通过语言交流信息。例如，交谈时，说话者的面部表情、身体姿态、手势动作在传递着信息，倾听者在接收信息时，不仅"听其言"，而且"观其行"。仪态语言是一种极其丰富、极其复杂的语言。事实上，表情、姿态等所起的作用，有时候远远超过自然语言交流的本身。仪态是一种很广泛、很实用的语言，往往比有声语言更富有魅力，可以达到"此时无声胜有声"的效果。

二、仪态——习惯的养成

仪态是在成长过程、人际交往过程、生活环境中长期且逐步形成的。它并不是先天存在的，而是通过后天的生活和训练形成的，且一旦形成，就不容易改变。容貌的美会随着时间的流逝而黯然失色，而仪态的美却能随着年龄的增长而增添几分成熟、稳重、深刻的美。仪态美不是通过外表的修饰打扮得到的，也不是单纯的动作、表情模仿可以体现的。仪态美有赖于内在素养的提高，自身修养的加强，性格、意志的陶冶，以及能力、学识的充实。仪态美是长期培养磨炼的成果。

相信每一个热爱生活、积极进取、自尊、自爱、自信、卓有才华的人，都会拥有真正的仪态美。

单元一　修长挺拔的站姿

 学习目标

1. 了解站姿的基本要求。
2. 掌握常用的站姿规范。
3. 能够在不同场合中正确运用所学站姿。

  单元知识

站姿（图 7-1、图 7-2）是静态的造型动作，是其他动态美的起点和基础。"站如松"，说明良好的站姿应给人一种挺、直、高的感觉，同时能衬托出一个人良好的气质和风度。

图 7-1　站姿（男）

图 7-2　站姿（女）

一、标准站姿

标准站姿的基本要领：头正、颈长、肩平、臂垂、背挺、臀紧、腿直、脚并（表 7-1）。

标准站姿的基本要领及图示　　表 7-1

基本要领	图示
头正 [图 7-3a）、b）] 头摆正，目视前方，下颌微收，面带微笑	a）　　b） 图 7-3

续上表

基本要领	图示
颈长［图 7-4a）、b）］ 头向上顶，拉长脖颈，使颈部看上去更修长	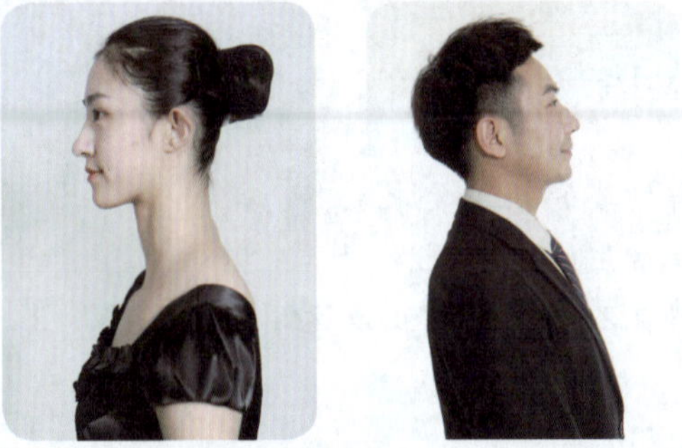 a)　b) 图 7-4
肩平［图 7-5a）、b）］ 双肩放松下沉，气沉于胸腹之间，自然呼吸	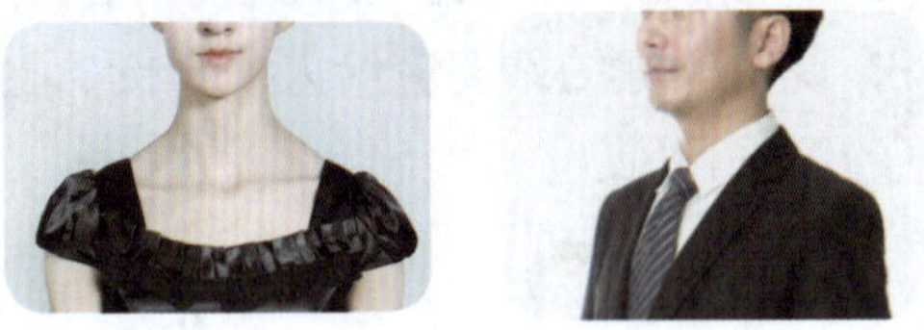 a)　b) 图 7-5
臂垂［图 7-6a）、b）］ 双手自然垂放于身体两侧，双手中指贴近裤缝处	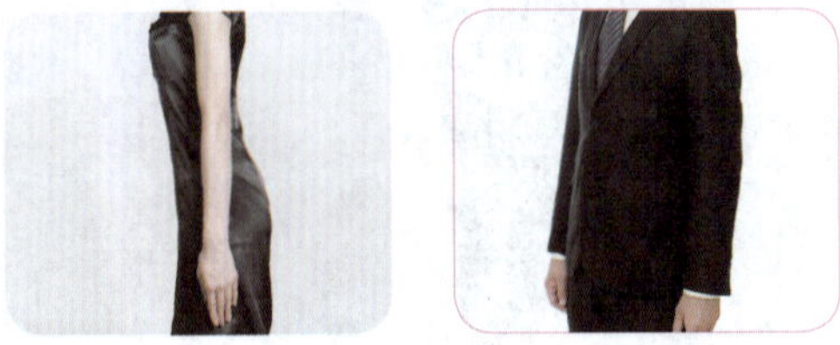 a)　b) 图 7-6
背挺［图 7-7a）、b）］ 收腹立腰，后背挺直，肩胛骨尽量后展打开	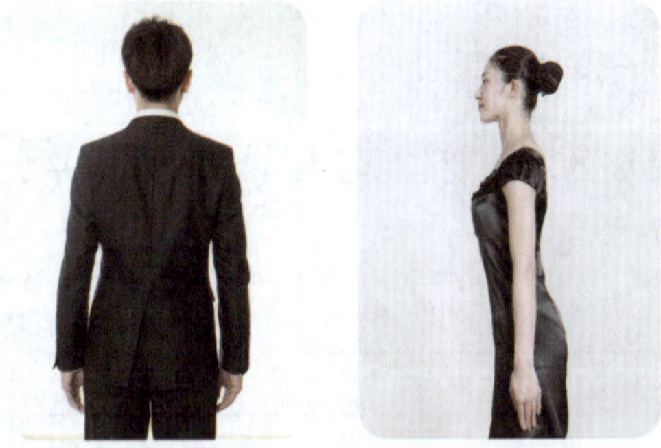 a)　b) 图 7-7
臀紧［图 7-8a）、b）］ 收紧臀部肌肉，提升臀线，拉长腿部线条	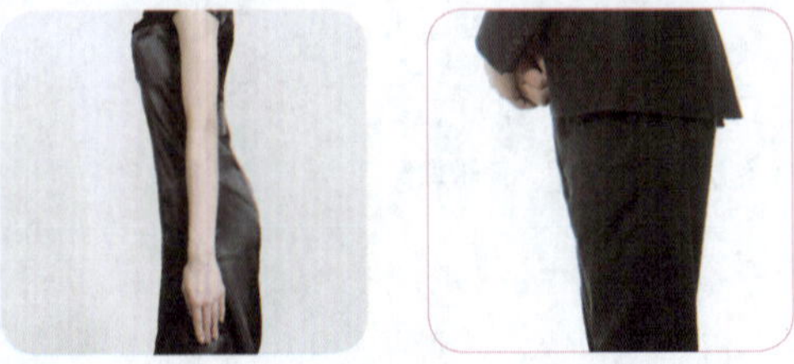 a)　b) 图 7-8

续上表

基本要领	图示
腿直[图7-9a)、b)] 双腿立正且用力绷直，双膝尽量并拢无空隙	a)　　　　　b) 图 7-9
脚并[图7-10a)、b)] 脚跟并拢，两脚尖呈"V"形，夹角约一拳宽	a)　　　　　b) 图 7-10

二、常用站姿

（一）女士常用站姿

1.前搭手位站姿

在标准站姿的基础上，前搭手位站姿根据手位的不同分为高手位和低手位两种（图7-11、表7-2）。

图 7-11　女士前搭手位（高手位、低手位）站姿

女士高手位、低手位不同站姿的基本要领及图示　　　　　表 7-2

基本要领	图示
低手位站姿 [图 7-12a)] 基本要领：将右手搭放在左手指根处，拇指交叉置于掌心，自然垂放于体前	
高手位站姿 [图 7-12b)] 基本要领：将低手位抬至身体腹部位置，手形保持不变	a)　　　b) 图 7-12

2. 丁字步式站姿

在标准站姿及前搭手位站姿的基础上，脚位发生变化（表 7-3）。

女士丁字步式站姿的基本要领及图示　　　　　表 7-3

基本要领	图示
"丁"字步式站姿 [图 7-13a)、b)] 基本要领：站立时，一只脚的脚跟贴靠于另一只脚的脚弓处，双脚脚尖的开度大约一拳宽，呈"丁"字形。"丁"字步是中国古典舞中最基本的脚位	a)　　　b) 图 7-13

（二）男士常用站姿

男士常用站姿有前搭手位站姿和后搭手位站姿两种（表 7-4）。

男士常用站姿的基本要领及图示　　　　　表 7-4

基本要领	图示
前搭手位站姿 [图 7-14a)] 基本要领：将右手搭放在左手指根处，拇指交叉置于掌心，自然垂放于体前	
后搭手位站姿 [图 7-14b)] 基本要领：在标准站姿的基础上，双腿分开一脚长的距离，双脚平行，将前搭手位放于体后腰部附近	a)　　　b) 图 7-14

三、站姿的注意事项

在正式场合站立时，我们需要注意以下几点：

（1）不要无精打采，东倒西歪、懒散地倚靠着墙壁或桌子等。

（2）不要含胸、驼背、端肩，低着头、歪着脖子。

（3）不要双手或单手插在裤袋里站立，这种站姿显得过于随意。

（4）不要将双手交叉环抱于胸前，这种站姿容易给他人傲慢的印象。

（5）不要将身体的重心明显地移到一侧，只用一条腿支撑着身体站立。

（6）不要双手掐腰站立，这样会给他人挑衅的感觉。

（7）不要下意识地做一些小动作，如抖腿、跷脚等。

（8）不要将脚位呈"外八字"或"内八字"，男士双脚左右开立时，注意两脚之间的距离不可过大。

 实训任务

实训目的：通过站姿训练，掌握正确站姿的基本要领，养成良好的站姿习惯。

一、靠墙训练

训练要领：将头部（后脑勺）、背部、臀部、小腿（腿肚）、脚跟与墙壁靠紧，形成"五点"一线（图 7-15）。

训练时间：每天训练 15min。

训练效果：训练整个身体的控制能力，以保持身体的挺拔，拥有良好的站姿体态。

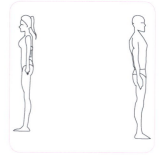

图 7-15　靠墙训练

二、顶书训练

训练要领：头摆正，目光平视，面带微笑，颈部拉长、挺直，下颌微收，标准站姿站好，选稍有重量的书本放在头顶中心位置，头、身体保持平稳，训练时要求书不能掉下来。

训练时间：每天训练 10min。

训练效果：可避免头位不正，如低头、歪头、晃头等问题。

三、对镜训练

训练要领：面对镜子，面带微笑，保持正确的站姿，变换不同的站姿，以检查自己的站姿及整体形象，发现问题及时纠正（图 7-16）。

训练时间：每天训练 15min。

训练效果：在镜子中找到自己的最美站姿，增加自信。

图 7-16　对镜训练

温馨提示：综合上述3个训练，每天训练40min，你一定可以看到自己的变化。在训练过程中，可以播放一些轻松欢快的或自己喜欢的背景音乐，以保持愉快的训练心情。

每组同学配合音乐进行站姿训练，达到训练效果。站姿训练效果测评表见表7-5。

站姿训练效果测评表　　表7-5

序号	检测内容	检测标准	自评（5分制）	互评（5分制）
1	标准站姿	头正、颈长、肩平、臂垂、背挺、臀紧、腿直、脚并		
2	前搭手位站姿	前搭手位规范（女士——低手位、高手位，男士——低手位），"V"形脚位（女士可丁字形脚位）		
3	后搭手位站姿（男士）	后搭手位规范，平行脚位，展肩收腹立腰		
总分				

思考练习

1. 不同职业的站姿有哪些区别？

2. 请每天练习15min靠墙训练，上传照片进行分享。

单元二　优雅高贵的坐姿

1. 了解坐姿的基本要求。
2. 掌握常用坐姿的标准。
3. 能够在不同场合正确运用所学坐姿。

"坐如钟",即坐姿要像钟那样端正稳重。正确的坐姿(图7-17、图7-18),给人端正稳重、自然大方、优雅高贵的美感。

图7-17　正确的坐姿(男)　　　　图7-18　正确的坐姿(女)

入座时,做到轻和稳。女士着裙装落座时可用手背轻拢裙摆,男士可轻提裤子。集体入座时,避免相互妨碍,要从左侧入座与离座。

入座后,无论男士、女士,都应坐满椅子的2/3;无论选取哪种坐姿,都要保持上身自然挺直;女士时刻注意双膝并拢,男士双膝间距离不超过2拳。

一、标准坐姿

标准坐姿的基本要领:头正、微收下颌、上身自然挺直、双腿自然弯曲、大腿与小腿呈直角、小腿与地面垂直、双臂自然弯曲、双手自然放在腿上,但男士、女士略有不同。标准坐姿的基本要领及图示见表7-6。

标准坐姿的基本要领及图示　　　　　　　　表 7-6

基本要领	图示
男士标准坐姿 [图 7-19a)、b)] 入座后,男士双膝之间略分开,1~2 拳的距离,双脚分开同双膝距离,双手分别置于膝盖后方	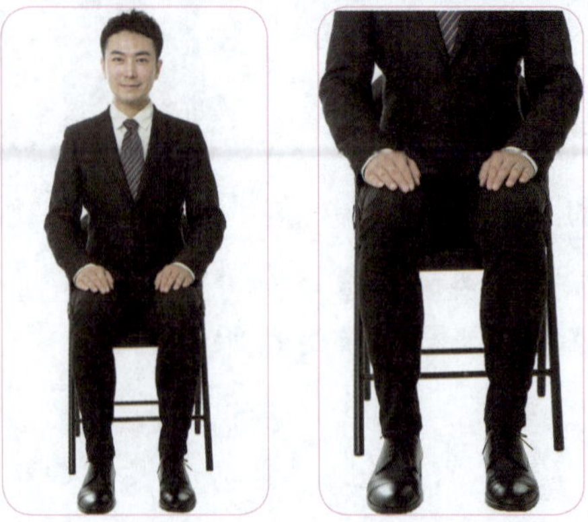 a)　　b) 图 7-19
女士标准坐姿 [图 7-20a)、b)] 女士的标准坐姿要时刻保持双膝、双脚并拢状态,避免走光的情况出现,双手搭手位放在大腿中部	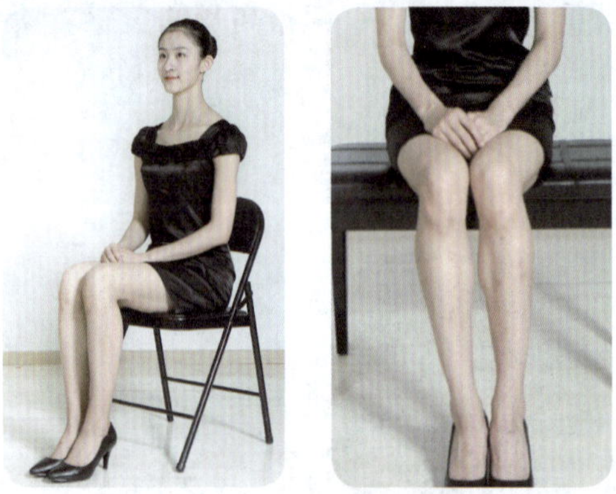 a)　　b) 图 7-20

二、常用坐姿

(一) 男士常用坐姿

男士常用坐姿有开关式坐姿、前交叉式坐姿、交叉后点式坐姿。男士常用坐姿的基本要领及图示见表 7-7。

男士常用坐姿的基本要领及图示　　　　　　　　表 7-7

基本要领	图示
开关式坐姿 [图 7-21a)、b)] 在标准坐姿的基础上,一只小腿向后收一个脚长的距离	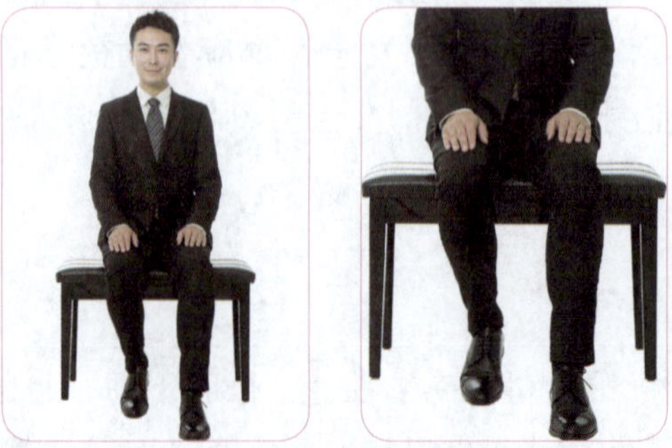 a)　　b) 图 7-21

续上表

基本要领	图示
前交叉式坐姿 [图 7-22a)、b)] 在标准坐姿的基础上，两小腿前伸一个脚长的距离、双脚在脚踝处交叉	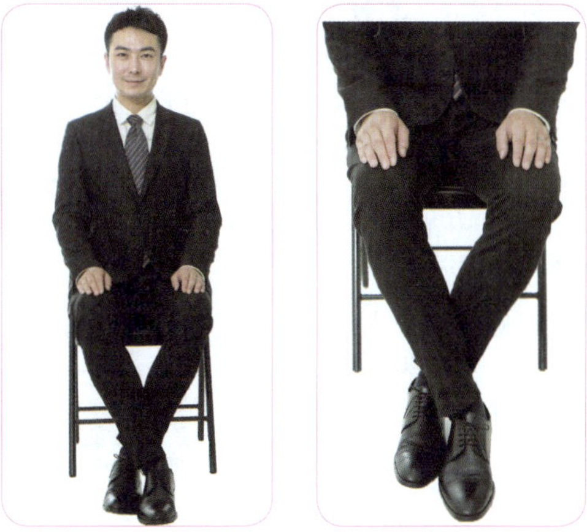 a)　　　　　b) 图 7-22
交叉后点式坐姿 [图 7-23a)、b)] 在标准坐姿的基础上，两脚交叉，小腿向后收，下面脚的脚掌撑地	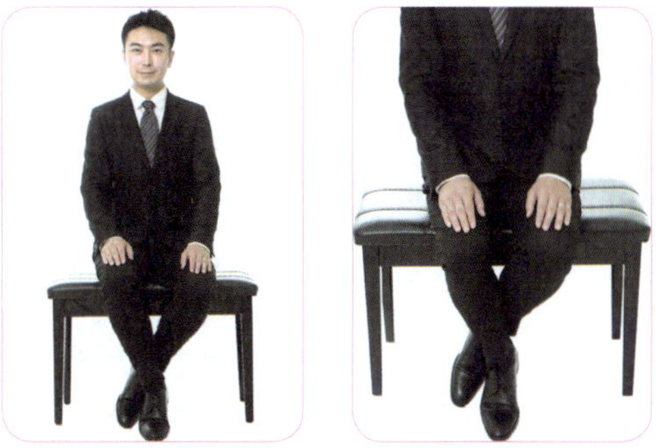 a)　　　　　b) 图 7-23

（二）女士常用坐姿

女士常用坐姿有开关式坐姿、交叉式坐姿、侧点式坐姿。女士常用坐姿的基本要领及图示见表 7-8。

女士常用坐姿的基本要领及图示　　　　　表 7-8

基本要领	图示
开关式坐姿 [图 7-24a)、b)] 在标准坐姿的基础上，一只脚收到另一只脚后，两脚前后在一条直线上，后面脚的脚跟略提起	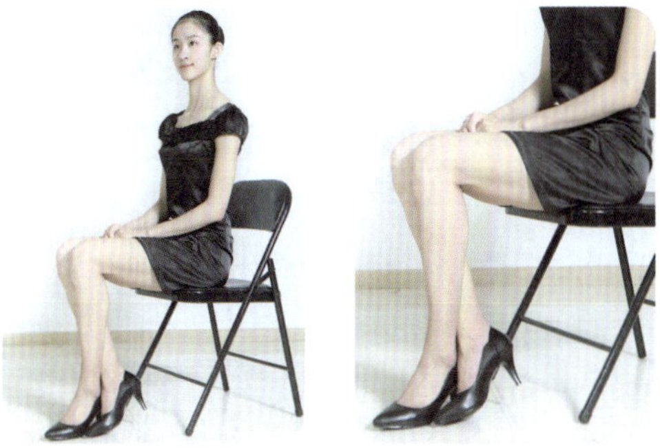 a)　　　　　b) 图 7-24

续上表

基本要领	图示
交叉式坐姿 [图7-25a)、b)] 在标准坐姿的基础上,双脚脚踝处交叉,双脚可垂直于地面,也可向前略伸出不超过10cm	 a) 　　　　b) 图7-25
侧点式坐姿 [图7-26a)、b)] 在标准坐姿的基础上,双脚同时向左或右倾斜,斜出到双脚脚跟略抬起,前脚掌不能离开地面	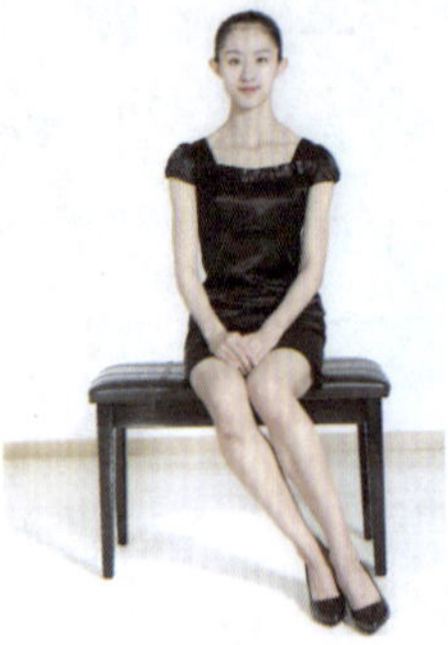 a) 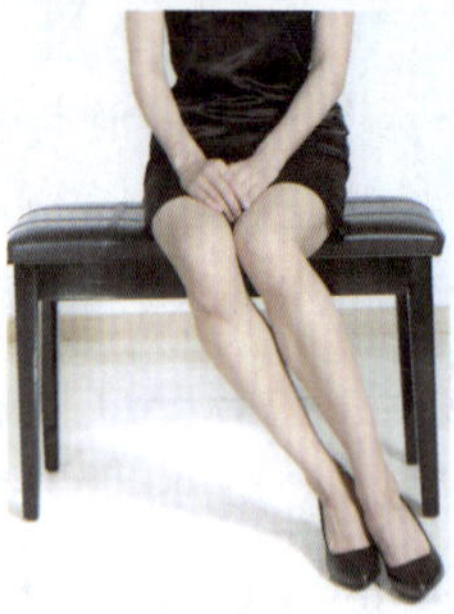　　　　b) 图7-26

(三)重叠式坐姿

重叠式坐姿是一种给人感觉比较舒适、造型也比较优美的坐姿,是我们在生活中非常喜欢采用的一种坐姿。需要注意的是,正式场合尽量不选择重叠式坐姿。重叠式坐姿的基本要领及图示见表7-9。

重叠式坐姿的基本要领及图示　　　　　　表7-9

基本要领	图示
男士重叠式坐姿(图7-27) 在标准坐姿的基础上,将双腿叠放在一起,脚尖尽量指向地面,上面的小腿可向侧前方略伸出	 图7-27

续上表

基本要领	图示
女士重叠式坐姿（图7-28） 在侧坐式坐姿的基础上，大腿、小腿均叠放在一起，上方腿向里收，且脚尖尽量指向地面	 图7-28

三、坐姿的注意事项

坐姿的注意事项有以下几点：

（1）入座时不要慌慌张张，以免桌椅出现声响。

（2）女士不要双腿叉开，男士不要双腿叉开过大。

（3）不要出现高架二郎腿。

（4）落座后，避免歪歪扭扭、前倾后仰。

（5）腿脚不要不停抖动。

（6）不要将双手夹于两腿之间或压在臀部下面。

（7）不要将双腿伸出过远，这是冒犯他人的行为。

（8）不要将脚尖指向他人，这是非常不礼貌的行为。

实训任务

实训目的：通过坐姿训练（图7-29），掌握正确坐姿的基本要领，形成良好的坐姿习惯（图7-30）。

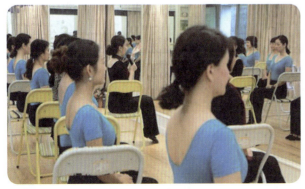

图7-29 坐姿训练

图7-30 良好的坐姿习惯

一、面对面训练

训练要领：两人一组，面对面练习，相互指出对方坐姿的不足之处，重点检查手位、腿位、脚位，并相互提醒要保持上身的挺拔姿态。

训练时间：每天训练10min。

训练效果：准确地把握各种坐姿的规范标准。

二、顶书训练

训练要领：与站姿顶书训练一样，头正，目光平视，面带微笑，颈部拉长、挺直，下颌微收，选择一种自己最喜欢、感觉最舒适的正确坐姿坐好，选择稍有重量的书本放在头顶中心位置，头、身体保持平稳，使书不要掉下来。

训练时间：每天训练15min。

训练效果：更好地强化自己的坐姿，坐姿更显稳重。

三、对镜训练

训练要领：面对镜子，面带微笑，保持正确的坐姿，变换不同的坐姿，以检查自己的坐姿及整体形象，发现问题及时纠正。

训练时间：每天训练15min。

训练效果：在镜子中找到自己的最美坐姿，找到在公众面前保持最佳坐姿的自己，增加自信。

温馨提示：综合上述3个训练，每天训练40min，你一定可以看到自己的变化。在训练过程中，可以播放一些轻松欢快的或自己喜欢的背景音乐，以保持愉快的训练心情。

每组同学配合音乐进行坐姿训练，达到训练效果。坐姿训练效果测评表见表7-10。

坐姿训练效果测评表 表7-10

序号	检测内容	检测标准	自评（5分制）	互评（5分制）
1	标准坐姿	坐满椅子的2/3； 上身挺拔； 双膝按男士、女士不同标准执行； 双手按男士、女士不同要求执行		
2	常用坐姿	坐满椅子的2/3； 上身挺拔； 遵循男士、女士常用坐姿的不同标准		
总分				

思考练习

1. 落座时，从椅子哪一侧入座最规范？为什么？

2. 分解坐姿入座的几个步骤，反复练习入座和起身，做到自然、优雅、稳重。

单元三　自信稳健的行姿

1. 了解行姿的基本要求。
2. 掌握行姿的规范标准。
3. 能够正确运用所学行姿。

行姿是站姿的一种延续。行姿可以展现人的动态美。在日常生活或公众场合中，正确的行姿（图7-31）能够体现一个人积极向上、朝气蓬勃的精神状态，行走的稳定性能给人带来自信的感觉。

图7-31　正确的行姿

一、标准行姿

标准行姿的基本要领：在标准站姿的基础上行走，身体稍向前倾，重心落在前脚掌上，脚跟先落地，膝盖伸直；自然摆臂，手指自然弯曲，虎口朝前；步位直，步幅适度，步频平稳适中。身体各部位之间要保持动作和谐，使自己的步调一致。男士、女士行走时步位略有不同。标准行姿的基本要领及图示见表7-11。

标准行姿的基本要领及图示　　　　　　　表 7-11

基本要领	图示
摆臂 [图 7-32a）、b）] 行走时，双臂前后自然摆动，以肩关节为轴，上臂带动前臂，摆臂幅度在 30°左右。 注意：双臂摆动幅度不要过大，并且摆臂时肩部不要来回晃动，也不要左右摆臂	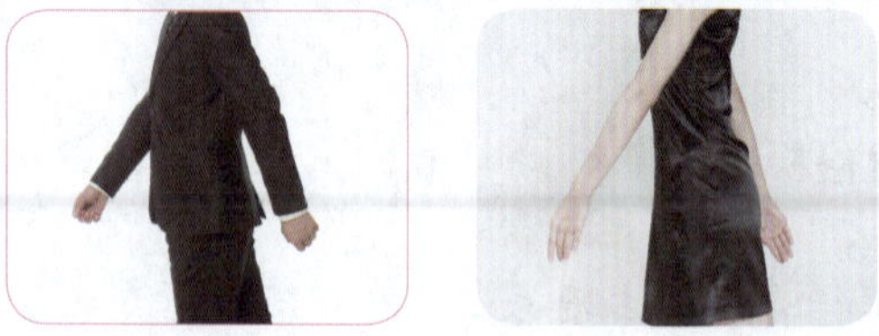 a)　　　b) 图 7-32
步位 [图 7-33a）、b）] 行走时，女士步位要求两脚内侧成一条直线，男士步位要求两脚成两条平行线。 注意：双脚不要出现"内八字"或"外八字"	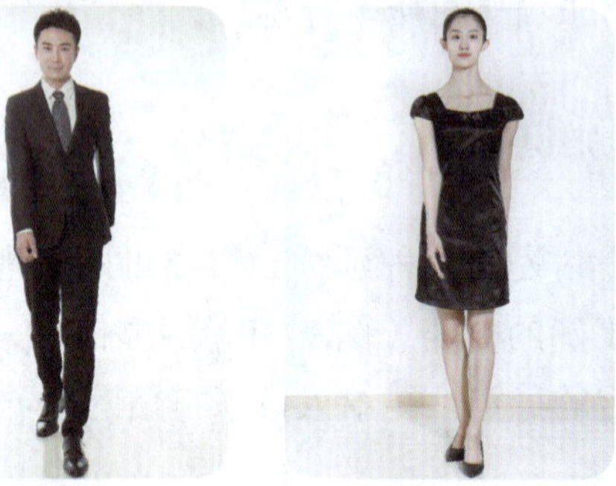 a)　　　b) 图 7-33
步幅 [图 7-34a）、b）] 行走时，女士步幅应该是自己一只脚的长度。男士步幅可略大一些。 注意：步幅要尽量稳定，不要忽大忽小	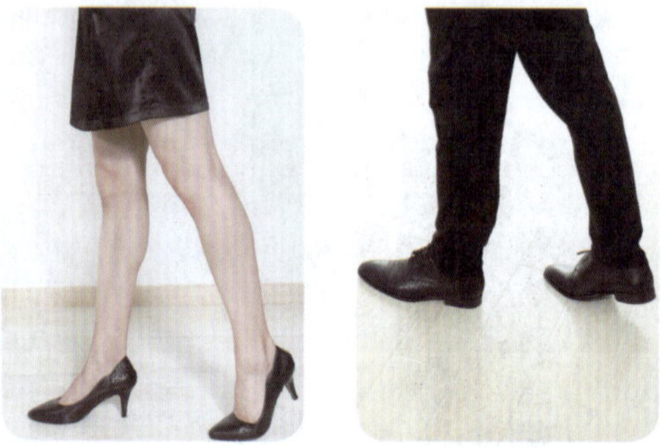 a)　　　b) 图 7-34
步频 [图 7-35a）、b）] 行走时，步频应平稳，保持在 110 步/min 左右的节奏。 注意：步频要均匀，不要忽快忽慢	 a)　　　b) 图 7-35

二、行走时礼仪

（一）主动问候

行走中，路遇熟人应主动打招呼问候，但不能大声喧哗，以免影响他人。若需交谈，应主动靠边站立，不妨碍通行，并注意安全。

（二）相互礼让

行走中，要相互礼让。如有急事需要超越别人，应从旁边绕过，不可强行闯过，最好轻声招呼，不慎撞人时应道歉。

（三）后退行走

向他人告辞时，应先向后退两三步，再转身离开；后退时步幅要小。

（四）侧身行走

当引领他人时，应尽量走在对方的左前方，髋部朝向前行的方向，上身稍向右转，侧身向着对方，与其保持两三步的距离。当走在较窄的路面或楼道中与他人相遇时，也要采用侧身行走。

三、行姿的注意事项

行姿的注意事项有以下几点：
（1）不要摇头晃脑，身体左右摆动。
（2）不要"内八字"或"外八字"行走。
（3）不要弓背弯腰，双手掐腰或倒背双手。
（4）不要将双手或单手插在衣服口袋、裤袋之中。
（5）多人同行时，不要搭背勾肩，或蹦跳、大喊大叫等。

实训任务

实训目的：通过行姿训练，掌握正确行姿的基本要领，形成良好的行姿习惯。

一、摆臂训练

训练要领：保持身体挺拔，以肩为轴，双臂前后自然摆动，摆动幅度适当，（图7-36）注意双肩不要左右晃动，可对镜自行练习，也可2人一组，相互指导练习。

训练时间：每天训练10min。

训练效果：准确地把握行姿摆臂的规范标准。

二、步位训练

训练要领：按地面的直线行走，行走时注意步位要正确，控制脚尖朝向前方行走。

训练时间：每天训练15min。

训练效果：纠正"内八字"或"外八字"步位。

图7-36 摆臂训练

三、行走综合训练

训练要领：配以有节奏感的音乐，对镜行走。行走时注意掌握好步频、步幅，保持身体的平衡，双臂摆动对称，动作协调，面部表情柔和。

训练时间：每天训练 15min。

训练效果：使行姿整体协调，给人以阳光自信、朝气蓬勃的感觉。

温馨提示：综合上述 3 个训练，每天训练 40min，你一定可以看到自己的变化。在训练过程中，可以播放一些轻松欢快的或自己喜欢的背景音乐，以保持愉快的训练心情。

每组同学配合音乐进行行姿训练，达到训练效果。行姿训练效果测评表见表 7-12。

行姿训练效果测评表　　表 7-12

检测内容	检测标准	自评（5分制）	互评（5分制）
行姿标准	身体挺拔、摆臂到位、肩部平稳、步位正确、步幅适度、步频适中、重心落前、全身协调、表情柔和		
总分			

思考练习

1. 在行进中，服务人员路遇客人时会遇到哪些情况，该如何做？

2. 头上顶书练习行进中的步态，并拍视频上传分享。

单元四　规范标准的蹲姿

1. 了解蹲姿的基本要求。
2. 掌握常用蹲姿的标准。
3. 能够正确运用所学蹲姿。

蹲姿在工作和生活中用得相对不多,但也是最容易出现问题的姿态。我们在拿取低处的物品、系鞋带、拾起掉在地上的东西时,要注意选择正确的蹲姿。

一、蹲姿的不同形式

(一)高低式蹲姿

高低式蹲姿的基本要领:下蹲时,左脚在前,右脚后退半步,两脚平行。左脚全脚掌着地,右脚前脚掌着地,脚跟提起,身体下沉,以右腿支撑,形成左膝高、右膝低的姿态。采用高低式蹲姿时,左右脚位置可调换。高低式蹲姿的基本要领及图示见表7-13。

高低式蹲姿的基本要领及图示　　　　　表 7-13

基本要领	图示
高低式蹲姿 [图7-37a)、b)] 女士采用高低式蹲姿时,双腿靠紧;男士采用高低式蹲姿时,双腿可略分开	 a)　　　　b) 图 7-37

(二)交叉式蹲姿

交叉式蹲姿的基本要领:下蹲时,左脚在前,右脚在后,左腿在前,右腿在后,两腿交叉重叠。右膝由后下方伸向左侧,右脚脚跟抬起,前脚掌着地。双腿前后靠紧,上身稍前倾,臀部向下,合理支撑身体。采用交叉式蹲姿时,左右脚位置可调换。交叉式蹲姿的基本要领及图示见表7-14。

交叉式蹲姿的基本要领及图示　　　　　　　表 7-14

基本要领	图示
交叉式蹲姿（图 7-38）	图 7-38

（三）半跪式蹲姿

半跪式蹲姿的基本要领：下蹲后，左腿单膝点地，臀部坐在脚跟上，以脚尖着地。右腿小腿垂直于地面，全脚掌着地，双腿应靠拢。采用半跪式蹲姿时，左右脚位置可调换。半跪式蹲姿的基本要领及图示见表 7-15。

半跪式蹲姿的基本要领及图示　　　　　　　表 7-15

基本要领	图示
半跪式蹲姿（图 7-39） 双腿一蹲一跪。这是一种非正式蹲姿，多用在下蹲时间较长，或为了用力方便时	图 7-39

二、蹲姿的注意事项

蹲姿的注意事项有以下几点：

（1）不要突然蹲下，注意下蹲速度要适中。

（2）不要离人过近，注意下蹲时与身边的人保持一定距离，不妨碍他人。

（3）不要毫无掩饰，特别是女士着裙装下蹲时，一定要注意有所掩饰。

（4）不要方位失当，注意下蹲时，最好侧身相向，不正对或背对他人。

（5）不要蹲着休息，注意不要随意滥用蹲姿，更不能蹲在凳子或椅子上休息。

实训任务

实训目的:通过蹲姿训练(图7-40),掌握正确蹲姿的基本要领,形成良好的蹲姿习惯。

训练要领:将行姿与蹲姿相结合进行蹲姿拾物练习(以物品在右侧为例)。先行走到物品旁边,右脚向后退半步再慢慢蹲下,用右手单手捡拾物品(注意:如无必要尽量不使用双手,另一只手放在腿上)。以组为单位进行,相互指出小组成员蹲姿的不妥之处,重点检查腿位、脚位、臀部是否下沉,并相互提醒要保持腰脊的挺拔。

训练时间:每天训练15min。

训练效果:自然、优雅地展示蹲姿姿态。

温馨提示:在训练过程中,可以播放一些轻松欢快的或自己喜欢的类型的背景音乐,以保持愉快的训练心情。

图7-40 蹲姿训练

每组同学配合音乐进行蹲姿训练,达到训练效果。蹲姿训练效果测评表见表7-16。

检测内容	检测标准	自评(5分制)	互评(5分制)
高低式蹲姿	前脚全脚掌着地; 后脚前脚掌着地且脚跟提起; 以后腿支撑、身体下沉; 双膝按男士、女士不同要求执行		
总分			

蹲姿训练效果测评表　　　　表7-16

1. 服务人员在面对什么情况或什么人时会采用蹲姿?

思考练习

2. 两人一组,一人坐姿,一人蹲姿,完成3min对话,注意蹲姿姿态(图7-41)和面部表情。

图7-41 蹲姿姿态

单元五　传情达意的手势

学习目标

1. 了解标准手势的基本要求。
2. 掌握常用手势的标准。
3. 能够在不同场合正确运用所学手势。

单元知识

手势（图 7-42）是体态语言中最重要的传播媒介，它是通过手和手指活动传递信息。手势作为一种信息传递方式，不仅远远早于书面语言，而且早于有声语言。手势有两大作用：一是能表示形象，二是能表达感情。在人际交往中，手势运用得自然、大方、得体，可使人感到既明晰又含蓄高雅。

一、手势规范要求

规范的手势（图 7-43）：五指并拢，手掌略倾斜，掌心向内且与地面成 135°角。

图 7-42　手势

图 7-43　规范的手势

二、常用手势规范标准

常用手势规范标准见表 7-17。

常用手势规范标准　　　　　　　　　　表 7-17

基本要领	图示
"请进"手势（图 7-44） 以右手做动作为例：以肘关节为轴，手臂向身体右前方抬起，按规范手势要求指向目标方向。不要将手臂摆至体侧或身后。同时，注意站姿，目视对方，面带微笑	图 7-44

续上表

基本要领	图示
"这边请"手势（图 7-45） 以右手做动作为例：以肩关节为轴，右手向斜前方抬起，肘关节略有弧度，不要完全伸直，身体侧向对方，按规范手势要求指向目标方向。眼神要兼顾所指方向和被引领人。当对方已清楚方向后，手臂可放下	 图 7-45
"请坐"手势（图 7-46） 当请他人入座时，先要用双手扶椅背将椅子拉出，然后以肘关节为轴，一只手抬起，手臂向下成斜线，手指向椅面，表示请入座	 图 7-46
"里边请"手势（图 7-47） 当一只手拿着物品或推扶房门、电梯门，而又需指示方向时，可伸出另一只手。以肘关节为轴，从身体的侧前方，由下向上抬起，上臂抬至离开身体 45° 的高度	 图 7-47

三、手势的运用注意事项

不同的手势可表达不同的含义。在运用手势的时候，我们要注意以下几点。

（一）注意区域性差异

在不同国家、不同地区、不同民族，由于文化习俗的不同，手势的含义有很多差别，甚至同一手势表达的含义也不相同。所以，在运用一些手势之前，要清楚哪些是合乎规范的，以免产生误解，引起麻烦。

（二）手势宜少不宜多

使用太多手势或滥用手势会让人产生反感。当多余的手势与语言、面部表情等不协调时，会给人留下装腔作势、缺乏涵养的感觉。

（三）要避免出现的手势

在某些社交场合，有些手势会让人反感，严重影响形象，如当众挠头皮、掏耳朵、抠鼻子、咬指甲、手指在桌上乱写乱画等。

实训任务

图7-48　手势训练

实训目的：通过手势训练（图7-48），掌握手势的规范标准，形成良好的规范手势习惯。

训练要领：对镜练习"请进""这边请""请坐"等不同手势，体会肩、肘、手的正确运动形态。

训练强度：每个手势动作重复30次。

训练效果：自然、优雅地用标准的手势为他人提供服务。

温馨提示：在训练过程中，可以播放一些轻松欢快的或自己喜欢的背景音乐，以保持愉快的训练心情。

每组同学配合音乐进行手势训练，达到训练效果。手势训练效果测评表见表7-18。

手势训练效果测评表　　表7-18

序号	检测内容	检测标准	自评（5分制）	互评（5分制）
1	"请进"手势	以肘关节为轴，手臂向身体前方抬起，规范手形要求指向目标方向		
2	"这边请"手势	以肩关节为轴，手臂向斜前方抬起，肘关节略有弧度，身体侧向对方，规范手形要求指向目标方向		
3	"请坐"手势	以肘关节为轴，手臂向下成斜线，规范手形要求指向椅面		
总分				

1.生活中常见的手势有哪些？不同手势的含义是什么？

2.指示手势一般用哪侧手完成？引领手势用哪侧手居多呢？

3.分组（2人一组），分别扮演服务人员和客人，练习引领手势和指示手势。

单元六　自然谦恭的致意

**学习目标**

1. 了解致意的基本要求。
2. 掌握常用的三种致意方式的规范标准。
3. 能够在不同场合正确运用所学致意。

**单元知识**

致意是一种常用的礼节，它是向他人表示问候、尊重、敬意之意，通常用于人与人之间在各种场合打招呼。

常用的三种致意方式是点头致意、欠身致意、挥手致意（表 7-19）。

常用的三种致意方式　　　　　　　　　　　　表 7-19

基本要领	图示
点头致意（图 7-49） 点头时，面带微笑，目视对方面部，轻点头部，下颌微收，点头的速度适中	图 7-49
欠身致意（图 7-50） 在标准站姿或前搭手位站姿的基础上，以髋关节为轴，将上身向前倾，欠身幅度为 15°~30°，面带微笑，目视对方	图 7-50
挥手致意 [图 7-51a)、b)] 当与他人的距离较远时，可通过抬起右臂，四指并拢，拇指略张开，掌心向前，左右轻轻摆动两三次的方式和对方打招呼。注意：挥动次数不宜过多，速度不宜过快。通常，右手手指不举过自己的头顶	a)　　b) 图 7-51

 实训任务

实训目的：通过致意训练，掌握常见的三种致意方式的规范标准，形成正确的致意习惯。

训练要领：对镜练习常用的三种致意方式，注意点头致意不探脖子，欠身致意不驼背，挥手致意手臂不要伸直。

训练强度：每个致意动作重复30次。

训练效果：自然、准确地运用不同的致意方式。

温馨提示：在训练过程中，可以播放一些轻松欢快的或自己喜欢的背景音乐，以保持愉快的训练心情。

每组同学配合音乐进行致意训练，达到训练效果。致意训练效果测评表见表7-20。

致意训练效果测评表　　　　　　　　　　　　　表7-20

序号	检测内容	检测标准	自评（5分制）	互评（5分制）
1	点头致意	轻点头部，速度适中；面带微笑，目视对方		
2	欠身致意	以髋关节为轴，上身向前倾；欠身幅度为15°～30°；面带微笑，目视对方		
3	挥手致意	右臂挥手，手形标准；挥手动作规范，速度适中		
总分				

1. 请思考，还有哪些致意常用的礼节？

2. 两人相对完成欠身致意，注意彼此距离和欠身度数的把握。

单元七　温暖亲切的表情

**学习目标**

1. 了解微笑的基本要求。
2. 掌握常用表情的标准。
3. 能够根据不同情境合理运用所学表情。

单元知识

表情可以表达感情、情意，是表现在面部或姿态上的思想感情。

微笑，是人与人之间表达友好的一种方式。微笑，是国际通用的，是不分文化、种族或宗教的，是每个人都能理解的。面带微笑是世界各地情感沟通的手段。学会微笑，你会发现微笑的好处无处不在，无论是家人、朋友还是同事、领导，都会因为简简单单的微笑而和谐共处。

一、眼神

"眼睛是心灵的窗户"，眼神是面部表情的核心。人们可以用不同的眼神来表达不同的思想感情。心理学家曾请一些演员通过表情来表现各种不同的情绪并拍成照片，然后仅把双眼部分留出并裁成细条照片让其他人来辨认，结果回答的正确率相当高。可见眼神在传情达意方面起着多么大的作用。

（一）注视方式

眼神主要是靠瞳孔的变化和眼睛的注视方式来实现的。良好的眼神（图7-52）应是亲切、坦诚、和蔼、有神的。适当地运用眼神能给交往带来好的作用。心不在焉、左顾右盼、游移不定的眼神，会让对方感到不悦，目光咄咄逼人、鬼鬼祟祟、躲躲闪闪对他人是非常不礼貌的。

注视方式不同也有不同的含义，如直视，表示认真、尊重；凝视，表示专注、恭敬；斜视，表示轻视、怀疑；无视，表示高傲、厌烦；等等。无论是在工作中还是在生活中，直视和凝视都是最佳选择。

凝视的位置及图示见表7-21。

图7-52　良好的眼神

凝视的位置及图示 表 7-21

凝视的位置	图示
公务凝视（图 7-53） 凝视的位置在以对方双眼为底线，以额头为顶点的三角形区域内。公务凝视多用于洽谈、谈判等场合。若一直凝视这个区域，会给对方带来严肃、认真的感觉	 图 7-53
社交凝视（图 7-54） 凝视的位置在以对方双眼为底线，以唇心为顶角的倒三角形区域内。社交凝视用于各种场合。这种凝视令人感到舒服、有礼貌，能够营造一种和缓的氛围	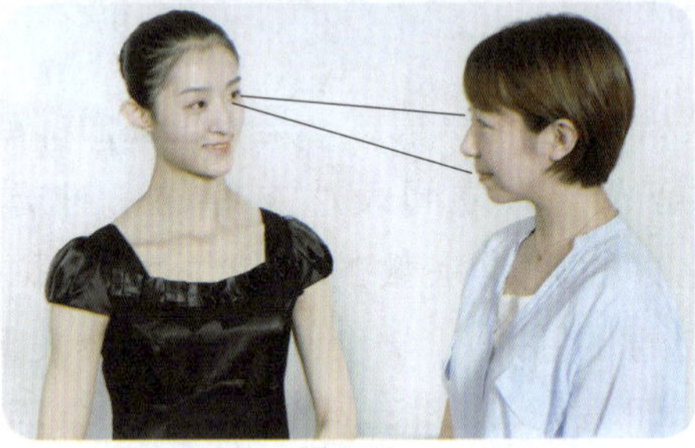 图 7-54
亲密凝视（图 7-55） 凝视的位置为双眼到胸部之间。这是亲朋好友之间、恋人夫妻之间、家庭成员之间所使用的注视方式。这种凝视带有亲昵和爱恋的感情色彩	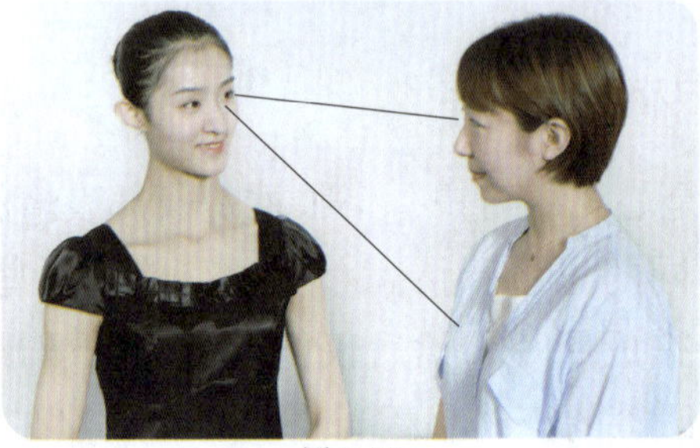 图 7-55

（二）眼神的运用及注意事项

"眉目传情"说的就是眼神可以传达出我们的思想和感情，这种感情的流露比语言更加真实、直接、有效。

在与他人的交谈过程中，要注意凝视对方的时间。凝视时间过长，会令人感到不自在；凝视时间过短，甚至不看对方，会使人感到受冷落。这两种行为都是非常失礼的，不利于交流，一定要注意避免发生。

一般每次的凝视时间应控制在 3～5s，以散点柔视为宜。散点柔视，是指将目光柔和地照在对方的整个凝视区域中，而不是聚焦于对方的眼睛，而且要适时地转移自己的眼神，可转移到桌面、手中的物品等，以示谦和、退让，但注意不要移开过长时间。

在与他人的交流过程中，还要注意以下几点：

（1）当对方沉默不语时，不要盯着对方看，以免加剧其不安的尴尬局面。

（2）当与多人交谈时，通常要巧妙地运用自己的眼神，要用目光环视全场所有的人，表现出善解人意与一视同仁，避免使部分人产生被疏忽、被冷落的感觉。

（3）当送别他人与他人道别时，目光不要突然移开，可以在对方转身或是凝视对方 3s 左右后再将目光移开。因为有些人在道别后走出一段距离时，会回头再次道别，如果在那一刻，你已经离开了，会给对方带来小小的遗憾。

二、常见表情及其运用

（一）常见表情

在生活和工作中，常见表情大致有以下三种（表 7-22）。

常见的三种表情及其图示　　　　　　　　　　表 7-22

常见的三种表情	图示
亲切柔和的表情 [图 7-56a）、b)] 亲切柔和的表情就是我们常说的笑不露齿的表情，会给人带来温馨轻柔的感受	 a)　　　　b) 图 7-56
真挚灿烂的表情 [图 7-57a）、b)] 真挚灿烂的表情是根据每个人的脸形、嘴形的不同相应地露出 6~8 颗牙齿的笑容，这种表情可以更快地拉近人与人之间的距离	 a)　　　　b) 图 7-57
严肃认真的表情 [图 7-58a）、b)] 严肃认真的表情就是眼神和面部表情比较凝重。当遇到困难或尴尬的事情时，选择这种表情会给对方带来感同身受的感觉	 a)　　　　b) 图 7-58

（二）表情的运用

在人与人交往过程中，请时刻保持微笑。

通常情况下，在与他人交谈的过程中至少要有 2~3 次笑容交流。当迎接他人到来时，要面带笑容；当送别他人离开时，要面带笑容；在交谈过程中，可根据对方的情绪、面对的问题适时地露出笑容；当对方心情不好或遇到困难时，要选择严肃认真的表情。

特别需要注意的是，在送别他人时，不要将目光马上移开；在条件允许的情况下，尽量目送对方消失在视线之外。

 实训任务

实训目的：通过眼部训练，眼睛更灵活、更有神。

一、定眼训练

训练要领：眼睛盯着一个目标看。

训练方法：

（1）正定法：在前方2～3m远的明亮处，选一个点。点的高度与眼睛或眉基本齐平，最好找一个不太显眼的标记。在进行定眼训练时，眼睛要自然睁大，但眼轮匝肌不宜收得太紧。双眼正视前方目标上的标记，目光要集中，不然就会散神。注视一定时间后可以双眼微闭休息，再猛然睁开眼，立刻盯住目标。如此进行反复练习。

（2）斜定法：要求与正定法相同，只是所视目标与视者的眼睛成25°角；训练要领同正定法。

训练时间：每天训练10min（每项5min）。

训练效果：更好地强化自己的眼神。

二、转眼训练

训练要领：眼球上、下、左、右来回转动。

训练方法：

（1）眼球由正前方开始，先转到左眼角，再回到正前方，然后转到右眼角。如此反复练习。

（2）眼球由正前方开始，眼球由左转到右，由右转到左。反复练习。

（3）眼球由正前方开始，眼球转到上（不能抬眉），回到前；转到右，回到前；转到下，回到前；转到左，回到前。反复练习。

（4）眼球由正前方开始，由上、右、下、左各做顺时针转动，每个角度都要定住。眼球转的路线要到位。然后做逆时针转动。反复练习。

温馨提示：如果以上训练有一定的难度，也可以先借助相应道具来训练眼睛的灵活度。例如，手拿一支笔，眼睛固定看笔的一个点，手拿笔进行向左、向右、向上、向下等移动，眼球随着笔进行左、右横线转动，上、下竖线转动，或圆圈转动。练习时头部不能动，只用眼睛随目标转动。当眼睛练得有一定活动能力时，就可以进行无目标练习，让眼睛自然转动。

训练时间：每天训练 10min。

训练效果：使眼神更加灵动，同时可缓解视觉疲劳。

三、对镜微笑训练

训练要领：面对镜子，按照相应表情的要求进行训练。

训练方法：

（1）站在镜子前，全身放松，将头摆正。

（2）回想让自己感到快乐、美好的事情，并将愉快的心情通过面部表现出来。

（3）面部肌肉放松，不出声音，不露齿或微露齿，嘴角微微上翘。通过自我观察，找到自己笑得最美时的感觉，并将这感觉记在心里。

（4）面对镜子，发出"一"或"cheese"的声音，这时两颊的肌肉会自觉地向上抬起，嘴角也会上翘，露出微笑的表情。

微笑表情的关键是要自然，要发自内心。

训练时间：每天训练 10min。

训练效果：拥有自信美丽的微笑且恰如其分地把握好微笑。

温馨提示：在微笑训练（图 7-59）过程中，可以播放一些轻松欢快的或自己喜欢的背景音乐，以保持愉快的训练心情。

图 7-59　微笑训练

每组同学配合音乐进行表情训练，达到训练效果。微笑训练效果测评表见表 7-23。

微笑训练效果测评表　　　表 7-23

序号	检测内容	检测标准	自评（5分制）	互评（5分制）
1	亲切柔和的表情	眼神专注、亲切自然；微笑时嘴角上扬，不露牙齿；表情适时、适度，真诚且发自内心		
2	真挚灿烂的表情	眼神专注、亲切自然；微笑时嘴角上扬，露出 6～8 颗牙齿；表情适时、适度，真诚发自内心		
总分				

1. 服务人员在与客人交流时，至少要有几次微笑？

2. 对镜练习微笑，找出自己的最美表情。

> 知识拓展

常用的手势礼仪

心有所思,手有所指。手势能在日常生活中帮助我们更好地与他人交流,展现自己的教养。作为仪态的重要组成部分,手势应该得到正确的使用。

一、请托手势

以服务人员为例,"请"的手势要在标准站姿的基础上,将手从体侧提至体前,自然划向指示方向。五指并拢,掌心向上翻转45°,上臂与上体的夹角在30°左右,上臂前臂略有弧度。身体微前倾,同时要用亲切柔和的目光注视对方,并说"您好,请坐"等。

二、指引手势

指引方向或介绍他人时,五指并拢,掌心向上翻转45°,手臂自然伸直,以肘关节为轴指引方向或介绍他人。在指引时,我们要保持目光注视对方,以示尊重和关注。不能用食指指点。

三、递物手势

递物时也要注意礼仪。在递送物品时,我们应该用双手递接,表示尊重和礼貌。同时,递尖锐物品时,尖端应朝向自己,以避免意外伤害到对方。递书、文件、名片等物品时,字体应正对对方,方便对方阅读。

四、鼓掌手势

鼓掌也是一种常见的手势礼仪。在鼓掌时,右手掌心向下,有节奏地拍击掌心向上的左掌。鼓掌不仅是对他人的赞扬和鼓励,也是表示自己对某事的赞同和支持。

参考文献

[1] 徐春燕. 礼貌礼节 [M]. 北京：高等教育出版社，2022.

[2] 王杰. 舞蹈课程与教学 [M]. 北京：北京师范大学出版集团，2020.

[3] 孟广城. 古典芭蕾基本功训练教程 [M]. 上海：上海音乐出版社，2004.

[4] 张桂兰. 形体训练 [M]. 北京：电子工业出版社，2021.

[5] 贾晓玲. 民族舞韵 [M]. 武汉：武汉出版社，2000.

[6] 洪涛. 空乘人员形体及体能训练 [M]. 北京：旅游教育出版社，2007.

[7] 崔诚祚. 无器械瘦身塑形：打造完美曲线的 4 周运动方案 [M]. 李欣，任闵煜，译. 北京：中国轻工业出版社，2016.

[8] 中国营养学会. 中国居民膳食指南.2020：科普版 [M]. 北京：人民卫生出版社，2022.

[9] 田雅莉. 饭店服务礼仪 [M]. 北京：高等教育出版社，2016.

[10] 吕艳芝，纪亚飞. 银行服务礼仪标准培训 [M]. 北京：中国纺织出版社，2014.